위어드 피플

위어드 피플

1판 1쇄 발행 2021년 2월 2일

지은이 신희철
펴낸이 이재유
디자인 유어텍스트
펴낸곳 무블출판사 | **출판등록** 제2020-000047호(2020년 2월 20일)
주소 서울시 강남구 영동대로131길 20, 2층 223호(우 06072)
전화 02-514-0301
팩스 02-6499-8301
이메일 0301@hanmail.net

ISBN 979-11-971489-7-2 (03320)

- 이 도서의 국립중앙도서관 출판예정도서목록(CIP)은 서지정보유통지원시스템 홈페이지(http://seoji.nl.go.kr)와 국가자료공동목록시스템(http://www.nl.go.kr/kolisnet)에서 이용하실 수 있습니다.

별난 생각들이
성공하는 시대

나는 다르게 번다

위어드 피플

신희철 지음

추천사

신희철 기자의 예리한 관찰력과 수려한 글솜씨 덕분에 모처럼 첫 장부터 마지막 장까지 한 번에 통독한 드문 경험을 하게 되었다.

청춘들에게, 그리고 청춘의 시절이 이미 지나갔다고 체념하는 어른들에게 희망을 주고, 무엇인가 해낼 수 있다는 의지를 일깨워주는 좋은 사례 모음글이다. 기자 특유의 섬세함과 팩트가 가득 차 있어, 소개된 '성공한 사람들'과 직접 앞에서 대화하는 듯한 느낌을 받을 수 있을 정도로 생생하다.

이 책을 읽으면 과연 '성공'이란 무엇인지에 대해 다시 한번 생각하게 된다. 저자는 타인의 시선에서 혹은 사회적으로 이미 스테레오 타입화된 직업과 직위가 아니라, 본인이 원하는 것을 본인이 생각해 낸 창의적인 방식으로 도전하는 '과정' 그 자체가 '성공'이라는 결론을 많은 사례를 통해 자연스럽게 이끌어 낸다.

도전하는 삶은 늘 아름답다고 누구나 이야기하지만, 사실 실패의 쓰라림이 매우 큰 것이 사실이다. 이 책을 통해서 도전하는 '과정' 그 자체가 곧 '성공'이라는 것을 느낄 수 있고, 비록 실패한다 해도 도전 그 자체로 큰 의미가 있다는 일깨워준다는 것을 넉넉히 짐작할 수 있다.

덤으로 성공하는 사람들의 성공 노하우가 책에 상세히 소개되어 있다. 현재와 미래의 트렌드에 대한 기자의 통찰력도 매우 유익하다고 할 수 있다.

도전과 성공을 통해서 사회에 이로운 가치를 창출하고자 하는 청춘들에게 일독을 권한다.

아니! 이제 도전은 나의 몫이 아니라고 미리 체념해 버린 어른들에게 꼭 일독을 권한다.

– 이진성(롯데푸드 대표, 전 롯데미래전략연구소장)

기자에게 더없이 부러운 건 만나고 싶은 사람을 인터뷰하고 취재할 수 있다는 점이다. 우리 사회에서 중요한 성취를 이룬 사람들, 사회적 성공을 넘어 의미 있는 삶의 궤적을 남긴 사람들의 내밀한 목소리를 들을 수 있다는 점 말이다. 기자 신희철은 우리 사회 가장 매력적인 리더들을 만나 과연 무슨 대화를 나누었을까? 그는 그들에게서 무엇을 목격하고 발견했을까? 이 책은 남다른 선택으로 자신만의 성공방식을 만들어간 사람들의 머릿속을 헤집고 취재한 기자정신의 고갱이다. 이 책에서 독자들도 재미에서 일을 찾은 리더들의 뇌를 탐험해 보시길. 아울러 정체돼 있는 내 삶에 활기를 불어넣는 짜릿한 기회도 함께 도모해보시길.

– 정재승(뇌과학자, 과학콘서트 · 열두발자국 저자)

미국의 대표적인 창조도시인 포틀랜드와 오스틴은 하나의 공통점이 있다. 둘 다 엉뚱하다는 의미의 위어드(Weird)한 도시로 남기를 원한다. 포틀랜드는 Keep Portland Weird, 오스틴도 같은 Keep Austin Weird 슬로건을 사용한다. 여기서 엉뚱하다는 것은 사회 다수가 알거나 인정하는 삶의 방식이 아닌, 자신만의 삶을 추구하는 것을 의미한다. 개인이나 도시나 창조적이기를 원하면, 남이 가지 않은 길을 가는 용기가 필요하다. 내가 하고 싶은 일을 하면 일이 될 수가 있을까? 신희철 기자의 '위어드 피플'은 좋아하는 일을 하며 성공을 찾은 사람들을 이야기한다. 좋아하는 일을 하면 일과 삶이 통합되고, 일과 삶이 통합되면 하루에 마주치는 모든 것이 자신의 일을 실현할 수 있는 기회로 보인다. 위어드 피플이 성공하는 이유다.

– 모종린(연세대 국제학대학원 교수, 골목길 자본론 저자)

언론에는 취재의 힘이 있다. 반면에 그 취재 결과를 풀어낼 공간은 매우 좁다. 지면은 충분하지 않고, 그나마 온라인은 제약이 덜하지만 사람들이 언론에 바라는 것이 탐사보다는 요약이기 때문이다.

그런 면에서 신희철 기자가 특이한 창업자들을 취재한 르포를 보도할 곳으로 신문이 아니라 책을 택해 공간을 넓게 쓴 것은 매우 반가운 일이다.

등장하는 창업가 중에는 사적으로 친분이 있고, 심지어 사업을 같이한 분도 있는데 그에 대해 내가 여태 몰랐다가 이 책을 통해 비로소 알게 된 사실이 몇 개 있다. 바로 그런 것이 잘 된 취재의 힘 때문이라고 생각한다.

덧붙여 비즈니스에 있어서는 학문이든 언론이든 기업에 후행하는 편이라고 생각한다. 종착지에 기다렸다가 세상 모두가 알만한 성공을 리뷰하는 경우가 많기 때문이다. 위어드피플은 아직 끝나지 않은 weird한 도전들을 담았다. 읽는 ordinary한 사람들에게도 그저 먼 남 얘기가 아닐 수 있다는 뜻이다.

– 여준영(프레인글로벌 대표, 크리에이티브 디렉터)

서문

아내의 외출이 부쩍 잦아졌다. 낮밤을 가리지 않다 보니 어느새 '큰손'이 돼 있었다. 289만 300원. 2019년 초부터 '당근마켓'으로 번 돈이라며 자랑스러워하며 계산기를 보여준다. 그 돈이 다 어디 갔나 싶긴 하지만, 버리기 아까운 물건을 단돈 5,000원이라도 받겠다고 부지런히 움직인 결과였다. 2년 새 2번의 이사를 하며 아내는 정말 다양한 물건을 팔았다. 냄비, 신발, 가구, 시계, 청소기 등등. 이런 걸 누가 살까 싶은 것도 있었는데 다 팔렸다. 종종 같이 나가보면 고객층이 다양했다. 최근엔 아버님까지 카펫을 팔며 당근마켓에 입문하셨다. 월 1,200만 명 이상이 당근마켓을 이용한다는 기사를 실감할 수 있었다.

당근마켓은 '당신 근처의 마켓'이라는 뜻의 중고거래 앱으로, 반경 4km에 사는 이웃들하고만 거래할 수 있다. 잠재 고객들을 줄여버리니 불편할 법도 한데, 아내는 "편하고 안전하다"라고 했다. 택배를 부치는 것보다 원하는 시간에 집 근처에서 쿨하게 거래하는 게 속 시원하다는 것이다. 전화번호를 알려줄 필요 없이 앱상의 채팅으로만 대화하는 것도 장점이라고 했다. 당근마켓은 이용자들로부터 수수료를 받지 않는 탓에 아직 큰 매출이 없다. 그런데도 기업가치 1조 원이 넘는 유니콘 등극이 시간 문제라는 평가를 받고 있다.

당근마켓 창업자들(김용현 · 김재현 대표)이 초기부터 이 정도의 결과를 예상했는지는 모르겠다. 나는 그들을 잘 알지는 못한다. 다만 카카오란 대기업을 그만둔 뒤 더 이상 새로울 게 없다고 여겨지던 중고거래 시장에서 차별화 포인트를 만드는 데 성공한 사람들이라는 건 분명한 사실이다.

나는 당근마켓 창업자들처럼 '남다른 사람들'의 스토리에 주목해왔다. 특히 잠재력이 크지만 아직 일반에 비교적 덜 알려진 사람들에게 관심이 많았다. 이들의 이야기는 희소한 가치를 갖기 때문이었다. '정체돼 있다'고 느끼는 사람들에게 새로운 자극을 줄 만한 힘이 있어 보였다.

최종 6명을 인터뷰이Interviewee로 선정했다. 나는 이들을 '위어드 피플Weird People'이라고 부른다. 위어드는 '특이한' '의아한' '괴짜인' 등으로 해석되는데, 단순히 '보통이 아닌Unusual' 같은 단어로 표현하기에는 어딘가 아쉬운, 좀 더 독특한 가치관과 사업 방식을 갖고 있는 사람들을 설명하기에 적합하다고 생각한다. '힙스터의 도시' '창조 도시'로 유명한 미국 포틀랜드의 슬로건 'Keep portland weird'에서 'Weird'란 단어를 떠올리게 됐다.

위어드 피플은 '남들이 보기엔 의아하지만 자신만의 합리적인 이유로 확신을 갖고 성공을 찾는 사람들'이다. 그들은 기존 성공 방정식을 그대로 따르기보다 역발상을 시도하거나, 좋아하는 것을 뚝심 있게 추구하고 있다. 위어드 피플의 남다름은 본질적인 고객 가치를 매우 디테일하게 고민하는 것에서 나온다. 나는 위어드 피플이 새로운 기회를 창출하고 전에 없던 시장과 산업, 일자리까지 만들어가고 있다고 확신한다.

책은 크게 1부, 2부로 나뉜다. 1부에선 창업 5년 안팎의 스타트업 대표 3명을 다뤘다. 훌륭한 떡잎임이 검증된 사람들로, 나이가 모두 30대다. 예비 창업자들이 참고하면 좋겠다는 생각이다. 1부 마지막엔 초기 스타트업에 투자하는 벤처캐피털 대표의 사례를 넣었다. 그가 어떤 스타트업에 주목하는지를 들어볼 수 있다.

2부에선 산업의 변화를 이끄는 중견기업 2곳의 사례를 담았다. 각각 부동산과 패션에서 전에 없는 가치를 창출하고 있다. 예비 창업자뿐만 아니라 이직 등을 꿈꾸는 이들이 '새로운 길'에 대한 아이디어를 얻는 데 도움이 됐으면 한다.

이 책은 나에게도 의미가 남다르다. 무엇보다 그동안 아쉬웠던 종이신문의 공간 제약을 벗어나 볼 수 있었다. 기획 단계부터 '인터뷰이는 최대 10명 이하'라는 원칙을 세웠는데, 한 사람당 30페이지 안팎에서 풍성한 이야기를 다뤄보고 싶었기 때문이다. 원고도 인터뷰 당시 시간상의 흐름을 최대한 반영해 썼다. 독자들이 실제 그 사람을 만나서 듣는 듯한 느낌을 주고 싶어서였다.

독자들에게 이 책에 대한 신뢰를 주기 위해 덧붙이자면, 책의 집필과 관련된 자료 제공 이외에 해당 기업들로부터 어떠한 지원도 받지 않았음을 밝힌다. 모두 내가 먼저 섭외 요청을 한 곳들이고, 직접 만나 들은 내용을 녹음해서 기본 자료로 삼았다. 원고 작성 후 팩트 확인도 수차례 거쳤다. 호의적인 서술이 많은 편이긴 하다. 긍정적인 면을 부각시켜 독자들이 해당 기업과 창업자로부터 다양한 교훈을 얻을 수 있게 하기 위함임을 이해해줬으면 좋겠다.

이 책은 여러분의 도움으로 나올 수 있었다. 바쁜 시간을 쪼개 현장 인터뷰와 추가 전화·이메일 인터뷰에 응해준 인터뷰이 6명에게 가장 감사드린다. 나의 첫 책이라 부족한 점이 많은데도 기획, 원고 작성, 편집 과정에서 최선을 다해 도와준 무블출판 이재유 대표에게도 꼭 감사 인사를 하고 싶다. 직접 찾아뵙지 못하고 추천사를 부탁드렸는데도 응해주신 정재승 한국과학기술원(KAIST) 교수, 모종린 연세대 국제학대학원 교수, 이진성 롯데푸드 대표, 여준영 프레인글로벌 대표에게도 깊이 감사드린다.

마지막으로 나의 가장 든든한 버팀목인 양가 부모님과 아내 희수에게 사랑과 고마움을 전한다.

새로운 '위어드 피플'과의 만남을 기대하며

2021년 1월

신희철

contents

PART1

모두 말려도 시장은 알아줬다

| 남다른 스타트업 |

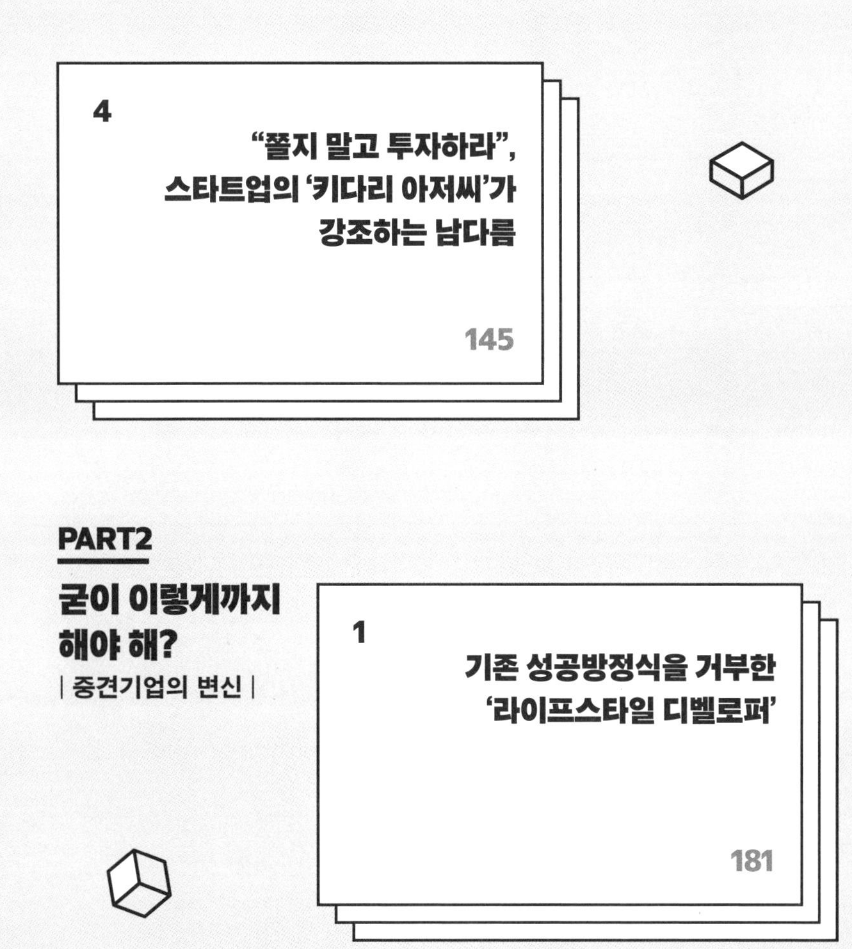

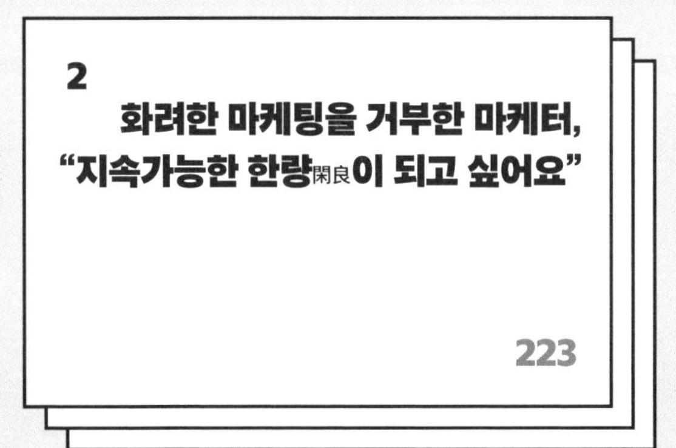

PART1

모두 말려도
시장은 알아줬다

남다른 스타트업

1

김재연 정육각 대표

한국과학기술원(KAIST) 수리과학과를 졸업하고 미국 유학을 준비하다 2016년 돌연 정육각을 창업했다. 도축 후 4일 내에 판매하는 '초신선 돼지고기'를 시작으로 소고기, 닭고기, 달걀, 우유, 수산물, 밀키트 등으로 사업 영역을 확장하며 초신선 식재료 시장을 선도하고 있다.

카이스트 출신 IT 영재,

나는 '고기파'인 아내의 환심을 얻기 위해 연애 초기부터 고깃집을 정말 많이 다녔다. 나를 만나면 맛있는 고기를 먹을 수 있다고 계속 강조했다. 고기 상태가 정말 좋다는 등, 어떻게 구워야 맛있다는 등 나름 전문가처럼 열심히 떠들었다. 당연히 결혼한 후에도 고기 선택과 굽는 것은 내 몫이었다. 여기에는 어려서부터 고기를 맛있게 잘 굽는 것에 연연하던 영향도 있다. 지금도 고기 못 굽는 선후배를 가만히 보고 있지 못하고 나서서 맛있게 구워 먹이는 것을 더 좋아한다.

하지만 그런 나도 고기 자체의 신선함에 대해서는 무지했다. 원산지나 등급 정도를 따지며 대형마트에서 고기를 사는 일반적인 소비자 중 하나였다. 내가 먹는 이 고기가 언제 어디서 어떤 과정을 통해 내 손에 들어왔는지까지 면밀히 살피는 수준은 아니었다.

2020년 봄 처음 만난 정육각의 김재연 대표는 고기에 환장하는 사람이었다. 맛있는 고기를 먹으려 도축장까지 직접 찾아간 매우 특이한 부류였다. 그는 고기 한두 근을 사러 도축장에 갔다가 무려 20kg을 떼어 와서 배불리 먹고 친구들에게도 나눠주며 생산자와 소비자 간 거래 D2C : Direct To Consumer 의 장점을 깨달았다고 한다. 그러다 아예 정육 사업을 시작했다. 한국과학영재학교와 한국과학기술원 KAIST 수리과학과를 거쳐 미국 국무부 장학생(Fulbright 장학 프로그램)으로 선발돼 유학을 앞둔 상황에서였다. 응용수학을 전공해 교수가 되겠다던 그가 정육사업을 한다고 나서자 주변에서 반대하는 사람도 많았다.

현재 김 대표는 축산업계의 관행을 깨부수고 '초신선' 식품 플랫폼 정육각을 운영하며 전무후무한 사업가로 인정받고 있다. 그는 2016년 돼지를 도축한 지 4일 안에 판매하는 '초신선 돼지고기'를 선보여 시장을 발칵 뒤집어놨다. 나아가 돼지에 이어 소, 닭, 달걀, 우유, 수산물 등에서도 기존 시장의 신선 기준을 완전히 뛰어넘는 모델을 계속해서 내놓고 있다.

사업 초기 '이단아'라는 비난을 받던 그가 어떻게 온라인 신선식품 시장의 선도자가 될 수 있었을까. 결론부터 얘기하면 그는 자신이 좋아하는 것을 사업화할 수 있는 능력과 열정을 가졌고, 시장의 선입견이나 관행보다 본질적인 고객 가치가 더욱 중요하다는 점을 잘 알고 있었다. 그뿐만 아니라 100명 중 99명이 틀리다고 해도 본인이 검증한 결론이 맞다면, 이를 믿고 고집스럽게 밀어붙이는 뚝심이 있었다. 1991년생인 그는 창업 6년 차인 2021년 매출 1,000억 원을 목표로 하고 있다. 정육각이 그간 받은 누적 투자금만 180억 원이 넘는다. 정육각은 2020년 6월 중소

김재연 정육각 대표

벤처기업부가 선정한 '아기 유니콘'에도 이름을 올리며 기업가치 1조 원이 넘는 유니콘이 될 차세대 주자로 주목받고 있다.

1 : 축산은 1도 모르던 IT 영재, 기술로 시장의 편견을 뒤엎다

김재연 대표는 2016년 8월 미국으로 유학을 갈 예정이었다. 카이스트 수리과학과 재학 당시 쓴 논문으로 미국 국무부 장학생으로 선발된 덕분이었다. 당시 김 대표는 미국에서 응용수학을 공부한 뒤 시뮬레이션 관련 소프트웨어와 하드웨어 원천기술을 공부하려고 했다. 일단 '박사 후 과정(포스트 닥터, Postdoctoral researcher)'까지 해보고 잘 풀리면 교수가 될 수도 있겠다 싶었다. 국내외에서 응용수학을 활용한 시뮬레이션 산업이 더욱 발전할 것으로 예상한 데 따른 것이었다. F1 같은 자동차 경주대회에서 좋은 성적을 거두기 위한 가상 주행 프로그램이라든지, 비행기 제작 시 엔진 마모 시기를 예측하기 위한 모의실험 등이 더욱 활발해지던 시점이었다. 시뮬레이션 관련 소프트웨어를 개발하면 큰돈을 벌 수 있겠다는 생각도 했다.

다만 교수가 되는 게 김 대표에게 가슴 떨리는 목표는 아니었다. 원하는 실험을 하며 조금 편하게 살 수 있겠다는 정도일까. 워낙 낙천적인 성격인 데다 일단 무엇이든 한번 시작하면 열심히 하는 덕분에 공부에서도 연구에서도 좋은 성과를 내왔다. 유학도, 교수가 되는 것도 큰

틀에서 크게 다른 삶은 아니었다.

김 대표의 삶을 바꾼 건 어릴 때부터 즐겨 먹던 고기였다. 어려서부터 돼지고기를 좋아했는데, 유학 가기 전에 돼지고기나 실컷 먹어보자고 한 게 시작이었다. 그는 전국의 유명 맛집을 돌다가 결국 안양의 한 도축장까지 찾아갔다. 도축장에선 고기를 최소 20kg 단위부터 판다는 걸 미리 알았을 리 없으니, 낑낑대며 무거운 고기 박스를 들고 집으로 왔다. 직접 잘라서 고기를 구워 먹었는데 맛이 그야말로 환상적이었다. 친구들에게도 나눠주었더니 폭발적인 반응이 돌아왔다.

이에 고무되어 유학 전 용돈벌이라도 하자 싶어 고기 판매를 시작했다. 안양의 재개발 지역에 가게를 내고 온라인 농수산물 직거래 카페를 통해 고기를 팔았다. 하루 종일 고기만 썰어야 할 정도로 장사가 잘됐다. 초신선 돼지고기에 대한 사업 아이디어를 얻은 시기다.

유학을 포기한 김 대표는 "특별한 육체노동을 해본 적이 없던 탓인지 엄청 힘들었는데도 정말 재밌었다"라며 "사업이 잘 안 되더라도 맛있는 고기 먹는 방법 하나는 확실히 알게 될 것 같았다"라고 말했다.

사실 이 대목에서 꽤 의아했다. 그 정도 이유로 유학을 포기했다는 것이 잘 납득되지 않았다. 하지만 김 대표는 "당시 10년 후 무엇을 먹고 살지 미리 고민하기보다 당장 재밌게 할 수 있는 것을 해보자고 생각했다"라고 말했다. 그는 일반 사람보다 더 빠르게 판단하고 빠르게 실행하는, 추진력 강한 유형이었다. 뒤에서 좀 더 자세히 다루겠지만, 김 대표는 자신의 비즈니스 모델이 시장 전반에 큰 충격을 줄 것으로 확신하

돼지고기, 소고기, 닭고기, 우유, 달걀 등으로 구성된 정육각 상품

고 사업에 뛰어들었다.

김 대표를 비롯한 4명의 창업 멤버들은 단순하게 본질에 접근했다. '가장 맛있고 신선한 고기를 고객 식탁에 올리겠다는 것'이었다. 이를 위해 창업 멤버들은 초기 6개월간 돼지고기만 약 500kg 넘게 시식했다. 그러면서 돼지고기 관련 논문을 읽고 품종이나 숙성 기간 등에 따라 맛이 어떻게 달라지는지 직접 검증했다. 전국을 돌며 셀 수 없이 많은 돼지 농장에도 방문했다.

연구 끝에 3통三統과 신선도가 중요하다는 것을 알았다. 3통이란 품종, 사료, 사양 관리 등 3가지를 통일해야 한다는 것. 즉 품종과 발육 정도에 따라 사료를 다르게 써야 한다는 얘기다. 농장주마다 생각과 철학이 다른 데다, 원가를 줄이겠다는 이유 등으로 3통을 잘 지키는 농장을 찾기란 쉽지 않았다.

특히, 김 대표는 돼지고기가 도축 후 3~5일째에 가장 맛있다는 점에 주목했다. 사후경직이 풀려 고기가 연하면서도 가장 신선한 기간이었다. 불과 3일 남짓 유지되는 최상의 맛을 고객이 느끼게 하려면 도축한 지 1~4일 된 돼지고기를 곧바로 포장해 당일 또는 다음 날까지 배송을 완료해야 했다. 고객 입장에선 신선한 돼지고기를 주문 후 빠르게 받아볼 수 있는 만큼 이보다 좋은 서비스가 없었다.

이것이 바로 정육각이 시장을 발칵 뒤집어 놓은 포인트다. 도축한 지 4일 이내의 고기만 고객에게 전달하고 5일이 지난 것은 전량 폐기한다는 것은 그간 업계 관행에 따르면 말도 안 되는 얘기였다. 난이도는 높고 수익률은 떨어지기 때문이다.

보통 돼지고기는 도축 후 45일까지 시중에 유통된다. 유통기간이 길어지면 고기에 박테리아가 증식하고 잡내가 생기지만, 그간 업계에선 "팔아도 아무런 문제가 없다"라며 관행적으로 유통해 왔다. 물론 신선육을 강조하는 곳일수록 도축한 지 얼마 안 된 고기일 가능성이 높다. 하지만 대부분의 업체가 이렇듯 긴 유통기간 동안 20~30% 정도는 오르내리는 돼지고기 가격 차이를 활용해 수익을 극대화해 왔다. 그러나 정육각은 도축 1~4일 유통을 원칙으로 시세와 상관없이 돼지고기를 매입했다. 이를 두고 기존 축산업계에서는 "축산의 축 자도 모르는 어린 애들이니 곧 망할 것"이라며 무시했다.

업계의 비판은 일정 부분 일리가 있어 보였다. 도축 4일 이내의 고기만 판매하고 5일 이후에는 폐기한다는 엄격한 기준은 단지 일회성

이벤트가 아닌 장기적 사업 관점에서 볼 때 도저히 지속하기 힘든 것이었다. 이 기준에 따라 재고를 관리하며 수익을 내기란 불가능해 보였다.

김 대표는 IT의 힘으로 이 문제를 극복했다. 전사자원관리ERP, 공급망관리SCM, 생산관리시스템MES, 디지털패킹시스템DPS을 모두 자체 개발해 유통단계를 확 줄이면서도 혁신적인 서비스가 가능하게 한 것이다. 통상 이 4가지 시스템 중 하나만 갖춰도 '스마트 팩토리'로 불린다. 정육각은 크게 '농장-도축-육가공-도매-로컬 중도매-소매-소비자'로 이뤄지던 축산 유통과정에서 도소매 3단계를 내재화해 '농장-도축 및 육가공-정육각-소비자'로 줄였다.

정육각 돼지고기는 깔끔한 냄새, 살아있는 식감, 풍부한 육즙을 자랑한다.

특히, 김 대표는 고객 데이터에 기반한 자동 발주시스템을 개발했다. 컴퓨터가 머신러닝(인공지능 기계학습) 기술로 고객 데이터를 축적하면서, 요일 · 계절 · 고객 성향 등의 변수에 스스로 가중치를 두고 그날그날 자동 발주하는 시스템을 구축한 것이다. 이에 따라 정육각은 정확한 하루 발주량만 작업하므로 재고 자체가 발생하지 않는다. 고객 주문이 몰릴 경우를 대비한 안전 재고도 하루 판매량의 70% 정도만 확보한다. 고객 수요를 거의 정확히 예측해야만 가능한 시스템이다.

김 대표는 자동 발주뿐만 아니라 공장에서 고기의 입출고를 그램g 단위로 정확하게 파악하는 시스템도 개발했다. 경기 성남시에 있는 공장을 '하나의 큰 저울'처럼 만든 것이다. 이 공장에서는 덩어리째 들어오는 고기가 정확히 몇 g이고 얼마나 나갔는지 파악할 수 있다. 또, 그동안 '작업반장'으로 불리던 사람이 하던 업무 분담 지시 역시 컴퓨터에 맡겼다. 부위별로 다르게 들어오는 고기 주문을 가장 효율적으로 처리할 수 있도록 컴퓨터가 모니터로 작업 순서를 알려준다. 작업자들은 정해진 품목을 장바구니에 담듯이 그때그때 작업해야 할 부위와 무게를 확인할 수 있다. 김 대표는 "이 같은 효율화를 바탕으로 초신선 고기임에도 소비자에게 비슷한 콘셉트의 타사 제품 대비 20%가량 저렴한 가격에 판매할 수 있다"라고 강조했다.

김 대표는 결제 단계에서 판매자와 소비자가 윈윈할 수 있는 '신선페이'도 개발했다. 일반적으로 온라인에서 고기를 주문하면 '선결제'를 하게 되는데, 이 경우 판매자와 소비자 중 어느 한쪽이 손해를 보게 돼 있다. 고기를 썰다 보면 정확한 무게g를 맞추기 어렵기 때문이다.

김 대표는 오프라인에서 고기를 결제하는 방식을 적용해 이 문제를 해결했다. 오프라인 마트나 정육점에서는 고기를 썰어 저울로 무게를 잰 뒤에 결제한다. 소비자가 주문한 고기보다 많을 수도 적을 수도 있지만, 정확한 무게를 확인하고 결제하기 때문에 판매자와 소비자 모두 불만이 줄어들 수밖에 없다.

신선한 고기를 제때 고객에게 전달하는 것은 '신선 배송' 시스템으로 해결했다. 정육각은 최근 마켓컬리, 쿠팡, SSG닷컴 등에서 확대하고 있는 초고속 배송 서비스를 적극적으로 활용하고 있다. 오후 4시 전에만 주문하면 제주도를 제외한 전국 어디서나 다음 날 저녁에 정육각 제품을 받을 수 있다. 오후 8시까지 주문하면 다음 날 오전 7시 전에 받아볼 수 있는 새벽배송(서울, 경기, 인천) 서비스도 운영 중이다. 대형마트처럼 완제품을 포장해 보내기만 하면 되는 작업이 아니기에 매우 어려운 작업이다. 소비자의 주문을 확인한 후 고기를 작업한 뒤 포장까지 모두 2시간 안에 마쳐 배송을 시작해야 한다. 이는 정육각만의 자동 발주 시스템과 높은 작업 효율성이 아니면 불가능한 서비스다.

정육각은 서울에서 당일 정오까지 주문하면 오후 8시 이전에 도착하는 당일 배송 서비스도 제공 중이다. 자체 개발한 시스템을 통해 '정육각 런즈'라는 일반인(러너)을 모집해 배송 물량을 나눈다. 정육각은 2020년 11월 말 기준 서울 전체 물량의 95% 이상을 정육각 러너를 활용해 소화하고 있고, 2021년 중에는 정육각 러너와 함께 수도권 전역에 새벽배송 서비스를 제공할 계획이다.

정육각은 신선 배송의 만족도를 높이기 위해 배송 패키징도 자체 개발했다. 종이박스와 보냉백을 직접 만들고, 배송 시간을 고려해 12시간, 24시간, 36시간용 패키지를 다르게 사용해 어떤 경우든 소비자가 상품을 받았을 때 7℃를 유지할 수 있게 했다.

2 : 돼지에서 소, 닭, 달걀, 우유, 수산물까지… 신선 식품 전반으로 확장하는 정육각

정육각은 2018년 2월부터 돼지고기뿐만 아니라 소고기, 닭고기, 달걀, 우유 등으로 사업 영역을 확장했다. 2020년에는 밀키트와 수산물도 론칭했다. 사업 대상이 넓어졌지만 정육각은 '초신선'이라는 차별화 전략을 모든 부문에서 일관되게 유지하고 있다. 이 역시 정육각이 구축한 정확한 수요 예측 시스템과 공급 효율화 시스템 덕분에 가능했다.

소고기의 경우 돼지고기와 달리 '갓 잡은' 고기보다 '숙성한' 고기가 더 맛있다는 것이 업계의 상식이다. 이 사실은 국립축산과학원의 자료 〈한우 숙성을 통한 육질 및 관능특성 개선효과〉(2017) 에도 나온다. 김 대표는 소고기는 일정한 온도에서 부위별로 숙성 기간을 달리 해야 풍부한 육즙과 감칠맛을 제대로 느낄 수 있다고 말한다. 정육각몰에 접속한 소비자들은 원하는 소고기가 부위별로 얼마나 숙성했는지를 확인할 수 있다. 배송 패키지에는 도축일, 제조일(발골 후 숙성을 시작한 날짜), 포장일(숙성이 끝난 후 포장한 날짜)까지 적혀 있다.

닭고기는 당일 아침에 잡은 것만 배송한다. 이 역시 축산물품질평가원에서 닭고기가 가장 맛있는 기간은 도계 후 1일까지라고 밝힌 데 따

냉장고 온도 변화를 최소화한 정육각 소고기로 구운 스테이크

정육각에서 판매하는 달걀. 노른자와 흰자의 구분이 뚜렷하다.

른 것이다. 닭도 유통과정이 길어질수록 박테리아 증식으로 잡내가 발생하는데, 이 기간을 줄일수록 맛의 차이가 확연히 다르다고 한다. 달걀 역시 동물복지 무항생제 유정란을 선별해서 당일 아침에 낳은 것들만 산란일자를 표기해 배송한다. 선입·선출, 안전재고와 같은 기존 시장논리를 따르는 마트에서는 당일 아침 낳은 달걀을 찾아볼 수 없는 것과 대조적이다. 정육각의 갓 낳은 달걀을 깨뜨려 보면 노른자뿐만 아니라 흰자까지 봉긋한 3층 구조를 뚜렷하게 이루는 것을 볼 수 있다. 쫀득한 식감과 비린내 없이 깔끔한 맛을 느낄 수 있다. 우유도 당일 새벽에 짠 것을 저온살균해 '착유일'을 표시해 전달한다. 일부 업체들이 '포장일'을 기준으로 '생산일자'를 표기해 판매하는 것과 다르다.

김 대표가 초신선 품목을 공격적으로 확장할 수 있는 것은 소비자 수요를 확신하기 때문이다. 가장 신선한 식재료를 소중한 사람과 즐기려는 욕구는 강력하고 지속적인 구매 동기가 될 수 있다. 이는 인간이 가진 '부패'에 대한 두려움으로부터 벗어나려는 생존 본능과 관련이 있다. 더구나 온라인 쇼핑과 빠른 배송 시스템이 보편화된 현재 상황에서 '초신선' 식재료에 대한 수요 증가는 어쩌면 당연한 결과일 수도 있다. 실제로 정육각은 2020년까지 약 30만 명의 사용자를 확보했으며, 3회 이상 재구매율이 98%일 정도로 충성 고객이 많다.

정육각은 축산에 이어 수산에도 도전장을 내밀었다. 돼지, 소, 닭에 이어 수산물을 판매해달라는 고객 요청이 많아서다. 축산과는 또 다른 고민들이 잇따랐다. 축산은 대량으로 기르다 보니 품질 규격화가 농수산물보다 잘돼 있는 편이지만, 수산물은 제각각이었다. 양식도 있었지만 자연산도 있는 탓이었다. 수산물 산지를 돌아보니 축산과 비슷한 문제점도 있었다. 잡은 지 4~5일은 돼야 일반 소비자들이 접하는 판매대에 오를 수 있다는 것이었다.

수산물은 기존 정육과는 또 다른 사업일 것 같습니다.

닭고기는 유통 기간을 하루라도 줄였을 때 맛·신선도 등 효용 증가폭이 컸습니다. 그런데 수산물은 닭보다도 유통 기간이 짧고, 이에 따른 효용 증가폭이 컸죠. 도시에서 수산물을 조업한 지 하루 이틀 안에 맛볼 수 있는 방법은 많지 않습니다. 잡은 지 1일 만에 먹으면 정말 육즙이 팡팡 터지지만, 산지에서 잡은 것들은 여러 차례 유통과정을 거쳐야만 소매점에 도달하기 때문에 소비자의 식탁에 오르기까지는 비교적 시간이 많이 걸립니다.

저희는 축산물에서 사용하던 소프트웨어를 수산물에도 적용했습니다. 당일 잡은 것을 바로 작업해서 배송할 공장 확보에 나섰어요. 우선 지방에 공장을 두는 방식을 생각했는데, 그 지역에 괜찮은 물건이 안 들어오면 팔지 못하는 문제가 있었습니다. 날짜별로 좋은 생선이 잡힐 확률도 달랐고요. 부산, 여수, 제주 등을 후보지로 검토했지만, 결국 성남에 있는 축산물 공장 옆에 수산물 공장도 두기로 했습니다. 당일 잡힌 수산물을 받아와서 그날그날 바로 손질해서 판매하고 소진하는 방식을 선택했습니다. 이제 당일 잡은 고등어, 갈치, 전복, 아나고, 조기 등을 바로 식탁에 올릴 수 있게 될 겁니다.

김 대표는 정육각의 식재료를 활용한 밀키트 품목도 늘릴 계획이다. 이미 '초신선 등심 돈가스'를 출시한 상태로, 도축한 지 4일 이내인 돼지 등심과 빵가루, 소스 등을 포장해 보내준다. 일부 업체들은 양념을 하거나 튀김가루를 입혀 조리하는 고기의 경우 덜 신선한 것을 쓰기도 한다. 고기의 잡내를 쉽게 감출 수 있기 때문이다. 하지만 정육각은 돈가스도 초신선 돼지고기로 즐겼을 때 차원이 다른 육즙과 신선함을 경험할 수 있다는 메시지를 소비자에게 전달하고 있다. 이외에도 당일 짠 우유로 만든 치즈를 넣은 돈가스를 비롯해 당일 잡은 수산물을 활용한 '해신탕' 등도 판매할 계획이다. 김 대표는 "정육각의 식재료로 조합 가능한 상품을 다양하게 만들어 식문화까지 제안하고 싶다"라면서 "고객 데이터 분석을 고도화해 자주 이용하는 식재료를 알아서 장바구니에 담아주고 좋아할 만한 상품을 추천까지 해주는 식재료 AI 비서 서비스도 계획 중"이라고 말했다.

김 대표는 초신선 식재료를 글로벌 시장에서 판매하는 것도 가능할 것으로 보고 있다. 중국, 인도, 베트남 등 신선 먹거리에 대한 신뢰도가 낮은 국가를 대상으로 'K 푸드'의 인기를 식재료까지 확대할 수 있다고 보기 때문이다. 현지로 직접 수출하는 것을 비롯해 현지 조인트벤처 설립 등도 모두 가능하다는 입장이다.

우리나라는 '초신선 식재료' 시장이 성장하기에 유리한 환경인가요?

사실 초신선 식재료에 대한 수요는 한국이 매우 높은 편입니다. 한국은 예전부터 생고기를 바로 구워 먹는 것에 익숙하죠. 유럽의 경우 하몽처럼 숙성해서 먹는 것을 선호합니다. 또 한국의 온라인 배송이 발달한 점도 초신선 시장을 키우는 데 결정적 도움을 주고 있어요. 일본만 해도 택배를 보내면 다음 날 도착하지 않는 곳이 많습니다. 저는 한국의 높은 신선 수요와 배송 시스템 덕분에 초신선 시장이 더욱 커질 것으로 확신합니다. 우선 서울과 수도권 중심으로 발달한 초신선 수요가 곧 전국으로 확대될 겁니다. 초신선 제품을 소비하는 방식도 더욱 다양해질 거고요. 앞으로는 주문한 지 한 시간 만에 원하는 고기를 받아볼 수도 있을 겁니다. 물론 주문해 놓고 퇴근길에 집 근처 오프라인 매장에 들러서 찾아가는 것도 가능하겠죠. 최근에는 대기업까지 초신선 경쟁에 뛰어들고 있지만 걱정보다는 오히려 반가움이 앞섭니다. 그만큼 초신선 시장 규모가 커지면서 정육각 이용자도 더 늘어날 테니까요. 저희는 저희가 잘하는 것을 꾸준히 해나가면 소비자들이 선택해 줄 것으로 믿고 있습니다.

3 : 187억 투자 유치 비결은 '아이템'과 '조직력', "예비창업자는 판 짜지 말고 당장 실행해야"

김재연 대표를 처음 만난 것은 2020년 4월이었다. 넉 달 후인 8월에 그를 다시 만나 총 187억 원의 투자금을 유치한 비결과 앞으로의 계획을 들어봤다. 인터뷰 이후에도 전화, 이메일 등을 통해 출간 직전까지 사업 내용을 업데이트했다.

그동안 얼마를 투자받았고 이번에 추가로 얼마나 더 투자받았나요?

누적으로 57억 원을 받았고 2020년 9월 130억 원을 추가 유치했습니다. 기존 투자자인 캡스톤파트너스, 라이트하우스컴바인인베스트, 알바트로스인베스트먼트와 함께 프리미어파트너스, 스톤브릿지벤처스, 미래에셋벤처투자가 신규 투자자로 참여했습니다. 이번 투자를 통해 확보한 자금은 공격적인 마케팅으로 브랜드 인지도를 높이고, 밀키트, 수산물 등 신규 사업을 확장하는 데 사용할 계획입니다. 성장 동력 마련을 위한 투자 성격의 인건비로도 사용할 예정이에요.

누적으로 100억 이상 투자받은 스타트업이 전체 벤처 투자업계에서 200개 정도 되는 걸로 알고 있습니다. 소비자들이 흔히 아는 스타트업들은 대부분 100억 원 정도는 받았을 겁니다. 보통 투자금액은 스타트업 인지도와 비례하는데, 저희는 투자금에 비해 많이 안 알려진 편이긴 합니다. 이번 투자금 130억 원 중 70%는 마케팅에 활용하고, 나머지는 수산물 등 사업 카테고리를 확장하는 데 필요한 시설투자에 들어갑니다. 이제 마케팅비가 아닌 운영비용은 자체 자금으로 충당할 정도로 수익을 내고 있습니다. 손익분기점을 넘기는 것은 2021년 말 정도일 것 같습니다.

마케팅에 대한 투자를 공격적으로 하는 느낌이네요. 정육각은 사실 특별한 마케팅보다 맛과 품질에 대한 입소문 덕에 커왔는데 성장속도가 더 빨라질 수도 있겠군요.

사실 지금까지 들어온 투자금은 마케팅비로는 쓰지 못했어요. 대부분 시스템을 구축하는 데 들어갔는데 이제야 안정적인 수준이 됐습니다. 계속 업그레이드해 나가면 되는 만큼 시설 투자가 당장 많이 필요하진 않아요. 이제 브랜드 인지도를 높이는 작업을 할 수 있게 된 거죠.

30~50대, 소득 상위 50% 이상 소비자들을 메인 타깃으로 잡고 있어요. 타깃층이 많이 분포하는 플랫폼에 공격적으로 광고를 할 예정입니다. 동시에 소비자들이 자발적, 적극적으로 저희 정육각을 알릴 수 있는 콘텐츠를 많이 만들 거예요. 지금까지 정육각은 콘텐츠 관련 노력은 안 했다고 볼 수 있거든요.

식재료 사업을 하면 보통 유튜브 채널을 열고 레시피 소개 영상을 올리곤 합니다. 하지만 정육각은 그동안 식재료 퀄리티에만 집중했습니다. 브랜드 자체가 어느 정도의 인지도와 영향력을 갖기 전까지는 콘텐츠가 효과를 내기 어렵다고 판단했기 때문입니다. 콘텐츠 회사도 아닌데 거기에 집중하는 건 소모적일 것 같았어요. 식재료가 주라고 생각했고, 입소문은 자연스럽게 날 테니 퀄리티를 높이는 데 투자해 왔죠.

이제는 콘텐츠를 만들어 공유했을 때 유의미한 결과를 낼 수 있는 조건들이 마련됐습니다. 식재료 퀄리티를 기본으로 지속적으로 마케팅할 수 있는 자본력과 인력을 갖췄으니, 시너지가 날 것으로 기대하고 있어요.

정육각 홈페이지에 상세한 요리 레시피를 싣는다든가 유튜브 채널에 PPL[1]하는 등의 방식을 생각하고 있습니다. 유튜브에서 정육각을 찾았을 때 어떤 브랜드인지 알 수 있는 영상을 많이 만들려고 합니다. 고기는 어떻게 구워 먹어야 맛있는지 소개할 수도 있고요. 지금까지는 소비자들에게서 정육각 홈페이지는 박물관처럼 조금 딱딱해 보인다는 말을 많이 들어 왔습니다. '사고 싶으면 사보세요'라는 느낌이랄까요. 앞으로는 소비자에게 좀 더 친화적으로 다가갈 수 있는 언어와 표현 방법도 고민할 계획입니다.

저를 콘텐츠 제작에 등장시키자는 마케터 의견도 있었는데 이건 지양하려고 합니다. 지속가능하지 않을 것 같아서요. 초반에는 언론에서 주목

---

1 PPL(Product Placement): 특정 기업의 협찬을 대가로 영화나 드라마에서 해당 기업의 상품이나 브랜드 이미지를 소도구로 끼워 넣는 광고기법.

하는 저의 출신이나 창업스토리 등이 화제가 될 수 있겠죠. 하지만 콘텐츠로 승부를 보려면 콘텐츠 자체의 힘이 있어야 한다고 생각합니다.

정육각이 사업 초기부터 현재까지 계속해서 투자받을 수 있었던 비결은 무엇인가요?

투자자들은 초기 스타트업들의 '아이템'과 '팀(조직)'을 봅니다. 당연히 아이템도 중요하지만 운영조직을 보며 잠재력을 파악하고, 결과물이라고 할 수 있는 매출 성장률이라든지 이익이라든지 '사업'은 그다음에 봐요. 초기 스타트업의 경우 사업은 볼 게 별로 없겠죠.
중요한 것은 팀인 것 같습니다. 투자자들은 어떤 문제가 생겼을 때 이 팀이니까 해결할 수도 있겠다, 혹은 이 팀이니까 못할 수도 있겠다고 판단합니다. 초기 스타트업의 아이템이 변하지 않고 끝까지 가는 경우가 많지 않다고 보더군요. 같은 아이템을 하더라도 팀 역량에 따라 다른 결과가 나올 수도 있어서 그런지 어떤 투자자는 팀만 본다고 하기도 합니다. 물론 시간이 지날수록 아이템의 지속가능성과 사업 결과물에 대한 평가가 까다롭게 이뤄지겠죠.
정육각 초기 투자자들, 특히 캡스톤파트너스의 송은강 대표님은 우리 팀을 믿고 투자하셨어요. 2016년 2월 정육각을 창업하고 6개월밖에 되지 않은 시기에 4억 원을 투자해 주셨죠. 당시 송 대표님은 저희 IR[2] 자료를

2 IR(Investor Relations): 기업이 투자자들에게 기업의 정보를 제공하기 위해 작성하는 문서.

1장 넘겨보곤 '오케이' 하셨어요. 물론 저희에 대해 어느 정도 알고 오셨겠지만, 상당히 놀랐습니다.

'초신선 정육'이라는 아이템과 창업멤버 4명이 모두 IT 관련 이력을 갖고 있는 것에 주목하셨던 것 같아요. 이종 간의 결합이었거든요. 사실 IT랑 축산은 정말 거리가 먼 사업입니다. 그런데 저희는 먹는 것을 좋아하고 축산업에 관심이 많다고 주장하면서 IT 인력임을 강조했죠. 이게 밑도 끝도 없는 거면 실현 가능성이 낮다고 보겠지만, 잘 결합하면 성장성이 클 것으로 보신 듯합니다.

사실 창업한 날이 제일 어려웠고 최악이었습니다. 갈수록 나아지고 있는 것 같아요. 정육각 사업 모델 자체가 기존 시장에서는 매우 이단아 같은 생각이기 때문이죠. 최근에 한 투자사 대표님에게 충격적인 얘기를 들었습니다. 본인이 2016년에 저희 서비스를 이용해 보고 좋았는데도 그때 저희 투자 제안서에 응하지 않은 이유를 최근에 말해 주셨는데, 알고 보니 당시 축산업계에 계신 어떤 분이 저희 험담을 많이 하셨더군요. 당연히 투자자 입장에선 축산을 수십 년 하신 분의 의견을 들으며 리스크가 클 것으로 생각하셨던 것 같습니다. 저희는 축산을 처음 시작한 IT 스타트업이었으니까요. 정육각의 고기가 맛있는 것은 사실이지만 축산업계를 잘 모르니까 오래가지 못할 것으로 생각하셨다고 얘기해 주셨습니다.

반면 저희에게 투자한 분들은 정육각이 제조와 유통을 동시에 하겠다는 것을 큰 장점으로 받아들여 주셨습니다. 축산업을 모르는 젊은 친구들이 제조 하나만 성공하기도 힘든데 유통까지 동시에 할 수 있겠느냐는 비판이 많던 상황이었는데도 말이죠. 저희는 축산업에서 제조와 유통을 동시에 했을 때 발생할 수 있는 단점들을 줄여나갈 수 있는 솔루션들을 제시했습니다. 축산업뿐만이 아니라 제조업체는 일반적으로 다수의 유통업체에 제품을 납품해서 매출을 발생시키고, 유통업체는 다수의 제조업체들 중에 좋은 물건들을 골라서 파는데요. 저희는 직접 제조한 제품만을 정육각몰에서만 판매하다 보니 다른 제조사나 유통사에 비해 성장에 제약이 생길 수밖에 없었습니다. 그래서 지난 3~4년 동안 정육각만의 차별점으로 이용자를 늘려 제조와 유통을 동시에 할 때 생기는 단점들을 많이 줄여나갔죠.

2019년 1월에 40억 원을 투자받았을 때도 너무 감사했습니다. 사실 회사 지표만 봤을 때는 그렇게 투자받을 수 있는 상태가 아니었거든요. 그런데 투자자분들은 정육각이 조만간 터질 거라고 생각하셨습니다.

그때 믿어주신 것들을 잘 실현한 덕분에 이번에는 투자사들이 앞다퉈서 투자를 해 주셨고, 투자사를 선택해서 투자를 받을 수 있었습니다. 모두 앞서 훌륭한 기업들에 투자했던 투자사들이었죠. 사업 초기엔 정육각이 지닌 가치가 뭔지 알려주면서 그냥 제가 "저희 팀은 좋은 팀입니다. 저희 사업은 좋은 사업입니다"라고 주장해서 투자를 받았습니다. 그런데 이번에는 사업적인 결과물도 보여드릴 수 있어서 과거보다 훨씬 수월하게 투자받을 수 있었습니다.

어느덧 정육각을 창업한 지 5년이 다 돼 갑니다. 창업 초기가 가장 힘들다고 하셨는데요. 돌이켜보면 어떤 기회와 위기가 있었나요?

처음에 가장 큰 기회는 캡스톤파트너스로부터 투자받았던 것입니다. 송은강 캡스톤파트너스 대표님의 조언이 없었으면 지금의 정육각이 되기 힘들었을 것 같습니다. 송 대표님은 최소 4억 원은 있어야 사업을 시작할 수 있을 거라고 말씀하셨어요. 그런데 실제로 해 보니 그 금액으로도 원래 생각했던 것을 다 하지 못했습니다. 사실 훨씬 더 많이 필요했던 거였어요. 당시 공장 보증금으로만 2,000만~3,000만 원이 들었고, 원하는 고속 슬라이스 기계를 사는 데만 또 1억 원이 들었습니다. 지금에서야 말하지만 이 1억 원짜리 기계는 창업 초기에 몇 달간은 아예 쓰지도 못했습니다. 기계 사용 전후에 닦고 관리하는 데만 3시간이 걸렸거든요. 그에 비해 생산 캐파[3]는 당시 주문량에 비해 너무 컸습니다. 손으로 고기를 써는 게 더 효율적이었습니다. 사실 아직도 이 기계 1대로 고객 주문 전부를 처리합니다. 그만큼 캐파가 큰 기계였는데 당시엔 어리숙한 결정을 했던 거죠.

만약 초기 투자금이 없었다면 정육각은 온라인의 작은 정육점에 그쳤을 수도 있습니다. 물론 정육각 모델이 '투자 없이도 굴러가는 모델'이기도 하고, 또 그래야 진짜 성공할 수 있는 모델이라고 말씀하시는 분들도 있습니다. 하지만 초기 투자금이 없었다면 이만큼 오기 힘들었을 겁니다. 저는 스타트업의 포인트를 두 가지로 봅니다. 첫 번째는 혁신적인 비즈니스여야 한다는 것입니다. 소비자나 투자자에게 지금 시장에 있는 어떤 기업보다 새로운 혹은 더욱 뛰어난 가치를 줄 수 있는 것이어야 합니다.

---

3 캐파(CAPA): 영어로 capacity를 의미하며 일반적으로 회사에서는 생산능력, 수용능력을 뜻함.

두 번째는 혁신을 바탕으로 폭발적인 성장을 이룰 수 있어야 한다는 것입니다. 저희 정육각은 첫 번째 조건은 만족시키는 비즈니스였지만, 만약 투자가 없었다면 100년 정도 사업했다고 해도 잘했을까 싶어요. 100년 동안 코로나19 사태 같은 위기가 몇 번을 올지도 모르는 거고요. 리스크를 줄이는 차원에서 돈을 투자받아 시간을 단축하고 훨씬 더 가파르게 성장할 수 있는 기회를 만드는 게 스타트업인 것 같습니다.

단순히 정육점을 하는 게 제 꿈은 아니었어요. 고기를 파는 사람이 되고 싶었던 것은 아니고, 사업을 통해 초신선이란 모델을 시장에서 빠르게 검증하며 폭발적인 성장을 이루고 싶었습니다. 제가 100년을 바라보면서 창업을 하진 않았기에 초기 투자금이 없었다면 지금의 정육각이 되지 못했을 겁니다. 더 폭발적이고 재미있는, 소비자에게 가치를 줄 수 있는 다른 것을 찾았겠죠. 저희에게 처음 투자한 캡스톤파트너스는 4억 원을 준 뒤 단기간에 6억 원을 추가로 투자해 주셨고, 이번에는 20억 원을 투자하셨어요. 6억 원을 추가로 받을 때 송 대표님께 매우 감사했습니다. 저였으면 투자할 수 있었을까 싶어요. 유의미한 결과물을 보여주지도 못했는데 말이죠. 아마도 될 거라고 판단하셨던 것 같습니다.

위기감은 시간이 가면 갈수록 더욱 고조됩니다. 어떤 사건에 따른 위기가 아니라 조직이 커지면서 생길 수 있는 문제가 있잖아요. 간단하게는 인사와 관련된 문제가 있을 수 있는데, 제가 큰 조직을 운영해본 경험이 없기 때문에 제 능력 부족으로 인한 문제가 나오면 해결하고 나오면 해결하고를 반복하고 있습니다.

맨 처음 4명이 할 때는 4명만 재밌으면 됐어요. 투자를 받으면서 이제는 투자자에 대한 책임감도 있고 저희 직원들에 대한 책임감도 커졌습니다. 2020년 말 기준 직원이 100명으로 늘었습니다. 단순히 제가 재밌는 것만 할 수 있는 단계는 지났습니다. 여기서 안주하며 무책임해지는 것도 불안하지만, 회사가 더욱 커졌을 때의 비효율이 더 불안해요. 예전에는 저 혼자 또는 창업팀이 열심히 뛰면 회사가 빨라지는 게 보였습니다. 지금은 제가 아무리 마음이 급해서 빨리 해도 회사는 회사의 속도가 있더군요. 지금은 전체 조직을 설득하는 작업이 필요합니다.

과거 공대 마인드만 가득한 회사의 문화나 전략을 바꾸기 위해 문과 출신 영입에 공을 들었다고 하셨는데요. 최근에도 비슷한 인사를 단행한 바 있나요?

최근엔 대기업 식품 공장장을 하셨던 분을 영입했습니다. 저희에겐 엄청 큰일이었어요. 그간 공장을 세팅하고 돌릴 때 물론 법적·위생적인 기준들을 지켜서 했지만, 이게 맞는 건지에 대한 확신이 없었습니다. 그 기준에 맞춰도 어떤 것은 훨씬 더 높은 기준이 필요할 수도 있고, 어떤 것은 그렇게까지 하지 않아도 될 수 있으니까요. 식품 전문가가 봤을 때 저희 공장이나 시스템을 어떻게 볼까 하는 게 걱정이자 고민이었습니다.
공장장님은 처음 오셔서 "생각했던 것보다 훨씬 대단한데 고쳐야 할 것도 많다"라고 하셨습니다. 자동화 시스템 등은 대기업에서도 못 봤다고 칭찬해 주셨지만, 일반적인 식품 공장들에 반드시 필요한 효율성 관리가 생각보다 안 되고 있다고도 지적해 주셨습니다. 현재는 이런 문제점들을 신속하게 고쳐 나가고 있습니다.

이종 간의 결합 시 위험한 것 중 하나가 양쪽의 전문성을 모두 갖기도 어렵고 또 충돌할 수 있다는 겁니다. 이런 위험성을 지금부터는 인사를 통해 해결하려고 생각하고 있습니다. 공대생들은 세상을 0과 1로 판단해요. 저 역시 흑백으로 판단하려는 경향이 강했습니다. 그런데 인사는 흑백으로 나뉘는 게 아니더군요. 사람이라는 게 좋고 나쁘고로 단순히 나뉘는 게 아니라 좋으면서도 나쁠 수도 있는 거니까요. 그동안에는 저희 공대생들끼리 나름대로 사람을 뽑을 때 좋은 사람인지 나쁜 사람인지를 구분했다면, 새로 영입한 인사팀장님을 비롯해서 인문학적 소양이 출중한 분들이 합류하면서 분야별 효율을 높여주고 있습니다.

특히, 정육각은 유통과 제조를 같이 하는 데다 여러 밸류체인value chain을 통합하다 보니 여러 분야에서 전문성이 필요합니다. 그래서 다양성을 갖춰 나가는 것이 무척 중요하다고 느끼고 있습니다. 이번에 투자받은 금액 중 많은 비중이 마케팅에 들어가는데, 나머지 중에선 투자 성격의 인건비 비중이 큽니다. 저희가 잘하던 걸 더욱 잘하게 해줄 수 있는 분들도 영입하겠지만, 아예 신경 쓰지 못했던 것들을 챙겨주는 분들을 더 공격적으로 영입하려고 합니다. 막상 회사 내부에선 받아들이기 어렵다는 입장도 있습니다. 대기업 식품 공장에 오래 계셨던 공장장님에 대해서도 우려가 있었어요. 이분이 관리하던 공장에서 해오던 방식이 있을 텐데, 그분이 오셔서 저희 공장을 그곳처럼 바꾸면 오히려 우리 공장만의 장점을 잃을 수도 있다는 것이었죠. 식품 공장 전문가가 필요한데도 4년간 차일피일 미뤄왔던 것도 이런 내부 논리 때문이었습니다. 이런 내부 논리를 공격적으로 깬 게 진짜 잘한 일이란 걸 지금은 느끼고 있습니다. 여전히 겁이 나긴 하지만 더 잘해 보고 싶습니다.
본래 강점인 IT 역량을 더 높일 수 있는 인사도 단행할 예정입니다. 저희 IT 기술들이 완전히 하이엔드 High-End 영역은 아닙니다. 예를 들어 인공지능 AI 을 구현하는 방법은 다양한데요. 저희는 고객 데이터를 수집·분석할 때 딥러닝 Deep learning 이 아닌, 초기의 머신러닝 Machine learning 을 적용하고 있어요(딥러닝과 머신러닝은 데이터 양에 따른 성능 차이를 보인다. 딥러닝은 말 그대로 심화된 학습 능력을 말한다). AI 학습을 더욱 효율화하기 위해서 해당 기술을 깊게 아는 분들을 영입해서 IT 연구조직을 꾸리고 싶습니다. 장기적으로 더 큰 도약을 위해서 말이죠. 이 부분은 최고기술책임자 CTO 와도 합의가 된 부분이며, 데이터 분야를 비롯해서 AI 학습을 고도화할 수 있는 분들을 영입할 계획입니다.

김 대표님은 그동안 언론 인터뷰에서 맛있는 고기를 좋아해서 사업을 시작하게 됐고, 사업이 망하더라도 맛있는 고기를 평생 찾아 먹을 수 있는 능력 정도는 갖추겠다 싶었다고 말했습니다. 그런데 아까 투자받을 당시의 심정을 들어보면 단순히 정육점만 하려고 했던 건 또 아니라고 하셨습니다. 정확히 어떤 마음가짐으로 사업을 시작한 건가요?

부끄럽지만 정말 사업할 생각으로 시작한 게 아니었습니다. 도축장까지 가서 고기를 떼다 먹은 것도 정말 순수하게 맛있는 고기를 먹고 싶어서

였어요. 이걸 친구들에게 나눠주니 반응이 너무 좋았습니다. 일반 소비자에게 판매할 때도 유학 가기 전 3개월 동안 용돈벌이를 해보자 정도였습니다. 이때 장사가 잘되는 것을 보며 사업을 해도 될 것 같다는 생각을 조금 했습니다. 그러면서 하나하나 하다 보니 창업까지 생각이 미치게 됐죠.

대신 창업을 계획할 때는 단순히 온라인에서 고기를 좀 파는 수준이 아니었습니다. 유통 단계를 줄여 초신선 고기를 팔면 시장에 엄청난 충격을 줄 수 있다고 생각했어요. 정말 맨 처음엔 돈 벌 생각 없이 고기만 먹으려 했던 거고, 이후엔 돈을 단기에 벌 생각이었습니다. 그러다가 감이 온 겁니다. 친구들에게 고기를 나눠주니 '진짜 맛있다'는 코멘트를 받았고, 모르는 사람들에게도 팔아보며 상상 이상의 뜨거운 반응을 받았어요. 상업적으로 검증이 된 거죠. 소 뒷걸음치다가 쥐 잡은 격이었습니다. 시장에 큰 충격을 줄 것이라고 생각한 것도 축산 분야에 한정돼 있지 않았어요. 신선 식품 전반이었죠. '왜 가장 신선한 고기를 먹을 수 없을까' 하는 저희의 문제의식은 까다로운 게 아니라, 대부분 소비자가 축산뿐만 아니라 신선 전반에 대해 갖고 있는 고민이었습니다. 어린 시절 집에서 김장을 하면 어머니께서는 꼭 배추를 직접 키우고 소금에 절여서 판매하는 분께 연락하셨어요. 일반적인 마트나 시장에서 구할 수 있는 퀄리티에 만족하지 못하셨던 거죠. 지금은 이를 산지직송, D2C라고 표현하지만 이미 예전부터 생산자와 소비자 간의 거리를 단축시키면서 얻을 수 있는 장점들에 대한 욕구가 있었던 겁니다.

물론 사업하는 입장에선 현실적인 부분을 생각해야 했습니다. 축산부터

정육각 소고기는 등심 5~6주, 안심 4~5주 등 부위별로 최적화된 숙성기간을 거쳐 판매된다.

모든 공정을 포함해 착유 후 12시간 내에 배송되는 정육각 우유

수산, 채소 등 신선 전반을 혁신할 수 있다고 생각했지만, 시작부터 다 하는 건 불가능하다고 봤습니다. 정육각이 축산만 하는 것에도 40억 원 정도를 투자해서 될지 안 될지 모르는 상태를 거쳐 왔는데, 이런저런 것들을 다 같이 했으면 분명 망했을 거예요. 그래서 선택과 집중을 통해 제가 그나마 잘 아는 돼지고기부터 시작한 겁니다. 가장 많이 먹어 봤으니까요. 돼지고기부터 시작해서 축산물 전반에 이어 수산물, 그 밖의 메인 식재료 및 신선 전반까지 확장해야겠다고 생각했습니다.

생각과 현실은 다르긴 해요. 머리로 그린 그림은 있었지만 당장 눈앞의 것을 하느라 정신이 없었습니다. 돼지고기 중에서도 삼겹살과 목살 두 종류만이라도 제대로 해보자고 마음먹었습니다. 솔직히 소고기나 닭고기를 정말 팔게 될 줄은 몰랐어요. 하나하나 해보면서 시행착오를 겪고 자리를 잡아나가면서 가능해진 겁니다. 섣불리 미래를 예측할 수는 없는 상황이었어요.

저희는 정육각의 매력이 여전히 1주일 후, 1개월 후에 무엇을 할지 모르는 점이라고 말합니다. 사실 언론 등에서 "계획이 뭔가요? 미래 목표는요?"라고 물어보지 않았으면 해요. 당장 눈앞에 둔 계획은 물론 있고, 큰 그림도 있지만 시장 상황이 어떻게 바뀔지 모르는 거잖아요. 생각해뒀던 것보다 더 좋은 아이템이 있으면 동전 뒤집듯이 의사결정을 하기도 합니다. D2C의 장점을 다 알고, 축산, 수산을 다 알아서 사업하는 게 아니에요. 재밌는 것들을 하나하나 쫓아오다 보니 여기까지 오게 된 겁니다.

창업을 꿈꾸는 분들이 많이 궁금해하는 질문인데요. 돈이 될 것 같은 사업을 하는 게 맞을까요, 아니면 자기가 좋아하는 것을 돈이 되게 만드는 게 맞을까요?

저도 아직 답을 못 찾았는데요. 두 가지가 조금 다른 것 같습니다. 제가 봤을 때 성공 케이스는 양쪽에 다 있는 것 같아요. 흔히 돈 냄새를 잘 맡는다고 표현하는 분들이 전자죠. 저는 돈 냄새를 맡는 사람은 아닙니다. 투자자들이 저희 정육각 비즈니스 모델을 보면서 돈 벌기 쉬운 방법을 많이 제안해 주시는데, 제 입맛에는 안 맞는 게 많아서 선택적으로 받아들이고 있습니다.

대표적으로 정육각 제품을 다른 플랫폼에 입점해서 판매하는 것은 절대 안 하고 있습니다. 투자자들은 왜 정육각이 홈쇼핑에서 제품을 팔지 않느냐고 합니다. 그 말대로 홈쇼핑에서 팔면 단기간에 수익이 엄청나게 나올 겁니다. 그런데 저희가 관철하고 싶은 건 돈냄새를 잘 맡아서 단기간에 회사를 키워 매각하고, 이를 통해 자본 차익을 얻는 게 아니에요. 제가 맛있는 고기를 먹을 수 있는 방법을 찾다가 여기까지 왔다고 말씀드렸잖아요. 정육각 고기를 대형마트나 홈쇼핑에 납품하기 시작하면 맛있게 먹을 수 있는 가치가 엄청나게 떨어집니다. D2C의 핵심은 유통단계를 줄이는 건데, 저희가 어디에 납품하면 또 단계가 길어지면서 결국 기존 유통과 똑같아지는 겁니다.

정육각은 소비자가 주문하는 즉시 생산해서 바로 보내주니까 유통 단계가 짧습니다. 그런데 어딘가 납품해야 하면 해당 채널에 미리 고기를 갖다봐야 하고 선입선출을 해야 하죠. 밸류체인이 시중 대형마트랑 똑같습니다. 거기에는 기존 방식과 차별화된 가치가 없다고 생각합니다.

정육각의 상품 수를 더 늘리란 제안도 있었습니다. 고기랑 같이 먹을 수 있는 갈치젓갈을 비롯해서 쌈장 등 사이드 상품을 왜 안 파느냐는 거죠. 또, 양고기도 왜 안 파느냐고 하는 분들도 있습니다.

그런데 저희는 상품 하나하나가 소비자에게 차별화된 가치를 주지 않으면 팔지 않는다는 원칙을 갖고 있습니다. 불필요한 상품 없이 현재 60개 상품수 SKU: Stock Keeping Unit 만으로도 매출이 성장 중입니다. 이렇게 매출이 늘어나는 데는 불필요한 것들은 팔지 않는 영향도 있는 것 같아요. 상품이 너무 많아지면 소비자는 뭐가 전략 상품이고 뭐가 떨이 상품인지 구분하지 못합니다. 그러면 전략 상품이 아닌 양고기를 사먹는 소비자들로부터 "정육각도 다른 곳이랑 별 차이 없네"라는 소문이 돌기 시작하겠죠. 어떤 투자자분이 치즈를 생산하는 곳을 소개해 주면서 정육각몰에서 팔면 어떻겠느냐고 제안하셨는데 그것도 거절했습니다.

저희는 비슷한 상품들로 마케팅을 좀 더 잘하고 좀 더 싸게 팔면서 무한경쟁하고 싶은 게 아닙니다. 이런 방식으로 사업을 잘하고 싶진 않습니다. 저희가 제조한 제품은 저희 정육각몰에서만 팔고, 저희 몰에서는 저희가 만든 것만 팔 겁니다. 완전히 폐쇄적인 몰을 지향하고 있습니다.

질문으로 돌아오면, 지난 5년 동안 사업을 하면서 제일 크게 느낀 건 결국 소비자가 선택하는 곳으로 돈이 몰린다는 겁니다. 제 경우 좋아하고 재밌는 것을 하면 돈이 따라오는 것 같아요. 돈을 쫓는 아이템을 하면 잘하지 못할 것 같습니다. 현재 하는 아이템이 소가 뒷걸음질치다 쥐 잡은 격이라고 했는데, 눈에 불을 켜고 다른 아이템을 찾으면 혹여 다음 번 창업 때 새로운 아이템을 찾을 순 있겠죠. 하지만 그렇더라도 정말 제가 좋아하는 무언가가 없으면 하기 힘들 것 같습니다.

정육에 이어 수산물과 밀키트까지 다룰 예정이라고 했는데요. 론칭 시기가 조금씩 미뤄진 것 같습니다. 이유가 뭔가요?

돈가스 밀키트를 비롯해서 육회, 불고기 등은 론칭했습니다. 수산물은 2020년 8월 론칭을 준비했지만, 기존 수산물보다 얼마나 더 차별화할 수 있는지에 대한 내부 의견 조율이 더 필요해서 론칭을 미뤘습니다.
그런 결정을 내린 것은 과거 경험 때문이었는데, 돼지고기만 팔다가 2018년 초 소고기로 판매 품목을 확장했을 때였습니다. 저희 내부적으로도 정육각 소고기의 맛이 돼지고기보다는 조금 덜하다는 건 알고 있었지만, 그래도 시장 수준보다는 높다고 생각하며 판매를 시작했습니다. 그런데 소비자들은 그 정도가 아니라 정육각 돼지고기처럼 차원이 다른 수준을 기대하더군요. 당시 소비자들이 실망하면서 전체의 3분의 1 정도가 이탈했습니다. 그때 정말 상처를 많이 받았어요. 정육각 소비자의 기대치는 시그니처 signature 상품에 맞춰져 있다는 사실을 깨달았습니다.
정육각 수산물도 대다수 소비자는 만족할 것 같은데, 저희가 원하는 선을 넘었느냐고 했을 때 여기에 대한 퀘스천 마크가 있었습니다. 수산물 론칭 방식에 대해서도 일단 론칭해서 소비자 피드백을 받으며 만족도를 높여나가느냐, 아니면 좀 더 다듬어서 론칭하느냐 두 가지 방법을 두고 고민했습니다. 소고기 판매 당시 소비자가 이탈하긴 했지만 외부에 있는 소비자들의 의견을 듣다 보니 문제를 더욱 빠르게 고칠 수 있었거든요. 내부에서만 고민하며 실험을 통해 고쳤으면 더 오래 걸렸을 수도 있었을 겁니다. 아무튼 수산물의 경우, 처음에는 일단 팔아보고 고치려고 하다가 결국 론칭을 미룰 수 있으면 미루면서 좀 더 준비하자는 쪽으로 기울어 론칭을 미루게 됐습니다.

정육각 돼지고기는 도축 후 4일 안에 판매하는 '초신선'이란 차별화 포인트가 특징이죠. 소고기는 정육각을 비롯해서 이미 많은 업체들이 숙성해서 판매하는데, 소고기에선 어떤 피드백을 받아서 어떤 차별화 포인트를 만들었나요?

소고기를 숙성한다고 하면 시장에선 대부분 냉장고에 며칠 넣어놓는 걸 말합니다. 그런데 냉장고는 온도 편차가 큽니다. 하루에도 4℃씩 오르락내리락하죠. 저희 정육각은 숙성 냉장고의 온도 편차를 0.1도 이하로 맞추는 작업을 계속했습니다.
또, 숙성된 고기는 정확한 주문량을 예측하지 못하면 팔기 어렵습니다. 만약 14~21일까지 숙성한 고기만 팔고 싶으면 이 기간을 맞춰서 팔 수 있도록 정확한 주문량을 예측해야 해요. 그렇지 않으면 냉장고에 넣어두고 선입·선출할 수밖에 없습니다.
기존 시장에선 주문량을 예측할 생각을 안 하고, 또 할 수 있는 기술도 없습니다. 저희는 숙성된 소고기가 맛의 정점을 유지하는 기간은 1주 정도박에 안 된다고 봐요. 숙성하고 반드시 이 기간 안에 팔거나 그렇지 않으면 폐기해야 하죠. 정육각에서는 고유한 주문 예측 시스템을 활용해 가장 맛있게 숙성된 기간에만 소고기를 팔고 있습니다.

김 대표님은 정육 사업 경험이 전혀 없었는데 몇 년 만에 업계에 오랫동안 몸담아 온 분들만이 알 만한 수준의 노하우를 갖게 된 것 같습니다. 소고기만 해도 숙성 기간, 부위별 숙성 방법, 온도 변화에 따른 맛 차이 등이 있다고 얘기하셨는데, 이런 노하우는 어떻게 쌓으신 건가요?

안 그래도 정육각 상품팀이 매우 힘들어하긴 합니다. 저는 상품에 접근할 때 식품 공학적인 것보다 과학적인 것에 맞춰서 접근하거든요. 우선 소고기를 많이 먹는 호주나 미국에서 나온 관련 논문을 엄청나게 많이 봅니다. 어떤 종은 얼마나 숙성해야 하는지 등을 공부하는 거죠. 이런 자료들을 다 찾아보고 연구 결과가 실제와 어떻게 다른지 검증합니다. 논문 중에는 맞는 것도 있고 틀린 것도 있습니다. 기존 축산업계 전문가나 교수님이 발표한 내용도 검증해 봅니다. "이런 게 맛있다더라" 하고 구전처럼 내려오던 '카더라'도 검증해 보고요. 고집스러운 점은 직접 실험해 보고 나서 맞다고 판단해야 한다는 것입니다. 100명 중 99명이 맞다고 해도 직접 실험해 봐서 틀린 건 틀리다고 생각합니다.
상품 개발 시 과학적으로 접근하는 것 이외에 또 다른 비결이 있습니다. 다행히도 초반에 정육각을 도와주신 분들이 많았어요. 이것은 축산 시장이 갖는 특이점이기도 합니다. 나이 지긋하신 농장주나 사료회사 사장님은 그분들이 보시기에 저희 같은 어린 친구들이 열심히 하니 귀여워하셨어요. 또, 대견해하면서 복합적인 감정으로 "알려주면 안 되는 건데" 하시면서도 노하우를 알려주셨죠. 사실 그분들에게 저희가 드릴 수 있는 경제적 보상이 없음에도 많이 도와주셨어요. 또, 좋은 타이밍에 투자자를 소개해준 분들이 저희의 역량을 높이는 데 도움을 주시기도 했습니다.

정육각 사업 모델을 일구기 위해서는 해결해야 할 문제가 많았는데, 기존에 몸담아온 사람의 시선이 아니라 외부인의 시선에서 바라봤던 게 오히려 문제해결에 도움이 됐습니다. 외부인에게만 보이는 게 있으니까요. 외부인의 시선에서 논문을 읽고 혹시 이러지 않을까 가설을 세우고 검증하는 방식이 기존에 내부에 있던 사람들과는 다른 시선으로 새로운 인사이트를 갖는 데 도움이 된 것 같습니다. 내부인들은 "당연하다"라고 말하는데, 막상 저희에게는 당연한 게 하나도 없었어요. "왜 그렇지?" 계속 의문을 가진 것이 기존과는 다른 시도를 할 수 있게 해준 가장 큰 원동력이었던 것 같습니다.

기존 시장에선 갓 잡은 돼지나 소가 신선하긴 하지만 사후경직 때문에 육질이 질길 것이라는 인식이 있어요. 보통 정육점에는 스승이 있어서 고기에 대한 지식을 도제식으로 후배들에게 알려주면 그게 사실인 것처럼 배우게 됩니다. 반면에 저희는 선입견을 가질 것도 없었고, 틀린 사실을 맞다고 얘기해 주는 사람도 없었어요. "고기에서 육즙이 어떨 때 많이 빠진다더라" 하는 얘기를 들으면 실제 육즙이 얼마나 빠지는지 저울에 달아보면서 연구했습니다. 이런 시도들이 시장에서는 혁신적으로 보였을 겁니다. 결과적으로 축산업계에서 저희를 싫어하는 분들도 많았지만, 정육각이 혁신적이라는 것만은 다들 인정해 주셨습니다.

김 대표님을 비롯해서 창업자분들은 잠도 안 자고 일했을 것 같습니다.

최근에 창업자들이 모여서 미팅을 했는데 제가 듣기 불편한 소리를 많이 했습니다. 2016년에 처음 시작했을 때는 4시간만 자면서 아침엔 고기 썰고 저녁엔 코딩을 했어요. 그래도 재밌고 행복하고 즐거웠습니다. 물론 시간이 흘러 미화된 측면도 있겠지만요. 요즘은 잠도 6~8시간 자고 주말엔 쉽니다. 더 오래 달리기 위한 것일 수도 있지만, 최근에 창업한 어느 팀을 만나봤는데 그들이 일하는 방식을 들어보니 제가 설레더군요.
그래서 창업 멤버들에게 "우리가 초심을 잃은 것 같다. 각성해야 할 것 같다. 원하는 것을 더 빨리 이루려면 더 열심히 해야 할 것 같다"라고 얘기했습니다. 잘 자고 잘 쉬면서 하는 것도 중요하지만 좀 더 불타오르는 게 있으면 좋겠다고 했죠.
2016년 저와 김환민 최고제품책임자CPO가 둘이 시작했을 때의 일입니다. 사업 초기 생산 거점이었던 대전 공장에서 어떤 문제가 해결이 안 됐습니다. 새벽까지 남아서 그 문제를 마무리하고 근처 숙소로 돌아갔더니 새벽 4시쯤이었습니다. 제가 들어가니 먼저 자고 있던 김환민 CPO가 "고기 이렇게 썰면 돼?"라고 잠꼬대를 하더라고요. 그런 모습을 보면서 더 열심히 일하고 더 잘해야겠다고 다짐하곤 했습니다. 그땐 정말 열심히 하던 시절이었습니다.

제가 투자자나 일반인 대상 강연을 하러 가면 일부 어른들은 여전히 의아해하십니다. '공부 잘해놓고 왜 정육 사업을 시작했느냐', '부모님이 걱정 많이 하셨겠다' 이런 것들이 기본적으로 마음속에 깔려 있는 것 같아요. 제가 공부를 쭉 이어서 했으면 안정적인 삶을 살았을 텐데 왜 위험을 감수했는지 궁금해하는 분들이 많습니다. '하이 리스크, 하이 리턴 high risk high return'이 아닌 그냥 '잘못된 선택'이라고 생각하면서 질문하시는 분들도 있고요. 그러면 저는 "혹시 자녀분이 저처럼 한다고 하면 동의하실 거냐"라고 물어봅니다. 그러면 다들 웃으면서 동의해 줄 거라고 하시죠. 하지만 실제로는 그렇지 않을 것 같습니다.

이런 모습들을 볼 때마다 저는 정육각 모델이 더욱 독보적일 것이라고 생각합니다. 저희 팀 말고 다른 팀이 이와 비슷한 사업을 하기는 힘들다고 봅니다. IT 인력들은 궂은일을 하는 것에 익숙하지 않거든요. 저 역시 그렇게 칼질을 많이 하고 손을 많이 베일지 몰랐습니다. 이런 행위 자체가 IT 인력들이 보기엔 이상한 일인 거죠. 정육각의 장점은 제조와 유통을 수직계열화한 것도 있지만, 경쟁사가 등장하기 힘들다는 것도 있습니다. 베끼려고 해도 IT업체와 축산기업이 단순히 손을 잡는 것만으로는 구축하기 어려운 비즈니스 모델이에요. 사업을 처음 시작했을 때 사람들이 이상하게 본 것들이 지금은 다 정육각만의 장점이 됐습니다.

세상을 바라보는 남다른 기준이나 가치관 같은 것이 있나요? 어려움이 닥쳤을 때 헤쳐나가는 방법이라든지요.

오늘도 느꼈던 건데, 창업자들은 대부분 밑도 끝도 없이 "하면 된다"라는 생각을 갖고 있습니다. 창업자들은 본인이 된다고 판단하면 99명이 안 된다고 해도 하는 사람들입니다. 그게 사실 기회를 만들어 내는 거고요. 이런 끈기나 고집스러운 부분이 없으면 창업하기 어렵다고 생각합니다. 한번은 거래처 팀원과 저희 회사 팀원이 회의하다가 결론을 못 낸 일이 있었는데, 얘기를 들어보니 '안 되는 이유'를 찾고 있었습니다. 이에 대해 저나 그 회사 대표님은 "하면 되지, 왜 안 되는 이유를 찾아서 안 하고 있느냐"라는 공통된 생각을 갖고 있었어요. 사실 무대포인 거긴 한데, 창업자들에게는 비슷한 특징이 있는 것 같습니다.

또, 사업을 할 때 미래를 볼 수 있는 능력이 있어서 하는 건 아닌 것 같습니다. 인사이트가 있고 시장을 잘 알아서 하면 되는 게 아닌 거죠. 그냥 진짜 스스로에 대한 믿음 하나 갖고 하는 겁니다. 여기에 시장이 어떻게 될 것이라는 대단한 예측력이 필요한 것은 아니에요. 정육각 사업만 해도 그렇습니다. 제가 아닌 일반 주부들도 고기를 너무 오래 유통하며 파는 것 아니냐고 생각했을 수 있어요. 오래된 고기를 먹고 싶지 않다며 농장에서 직접 사오는 것도 생각했을 수 있습니다. 다만 그것을 실행하기까지가 어려운 거죠. 정육각 아이템 자체가 경천동지할 만한 것은 아닌 겁니다.

저는 하고 싶은 게 생기면 그게 얼마나 어려울지, 실현 가능할지는 별로 생각하지 않아요. 일단 하면서 어떻게든 되게 할 거라고 생각하며 접근합니다. 정육각이 시도하고 있는 초신선 정육은 사실 이미 여러 대기업들이 시도하려다가 실패한 모델이에요. 돈 많은 기업들이 몇백억씩 써서 축산물 온라인 브랜드를 만들려고 했지만 잘 안 됐죠. 만약 제가 이런 선례들을 보면서 막연하게 '안 될 것 같다'라고만 생각했으면 이 사업을 못했을 겁니다. 제가 처음 고기를 썰어서 팔 때 현재 정육각 모델까지는 생각하지 못했거든요. 지금 돌이켜보면 어떻게 시작했고 어떻게 가능했지 싶어요. 안 됐어야 맞는 사업이었다고도 생각합니다.

아까도 말했던 것처럼 "처음부터 이게 될 거라고 생각하고 시작한 것이냐?"라는 질문을 받으면 결코 아니라고 할 거예요. 개념이 없었으니까 한 것 같습니다. 판을 짜고 생각하고 움직이기 시작했으면 아마 5년이 아니라 1년도 안 돼서 그만뒀을 가능성이 커요. 하면 된다는 생각으로 어떻게든 안 되는 걸 되게 만들고 다들 모여서 머리 싸매고 잠꼬대하고 하면서 만들어낸 것 같습니다. 창업 팀에게 매우 고맙죠. 지금도 안 되는 것들을 된다고 하면서 하고 있어요. 하다 보면 엄청 지칩니다. 보통 일이 아니니까요. 전문가란 사람들이 와서 안 될 거라고 얘기하면 비전문가가 어떤 마음이 들겠어요. 소비자나 회사 비전만 보고 한다는 게 말처럼 쉽지 않습니다.

세상을 바라보는 시각과 관련해선, 저는 어떤 문제를 내부인만 고칠 수 있다고 생각하지 않아요. 문제가 있고 고쳐야 하는 거면, 누가 고치든 문제의식을 가진 사람들이 모여 공감하며 같이 해결해 나갈 수 있다고 생각합니다.

자타공인 추진력 하나는 제 장점인 것 같습니다. 해야겠다 싶으면 무조건 실패하더라도 빨리 시도해 봅니다. 창업하고 싶어 하는 동기나 후배들에게 제가 하는 말이 있어요. "판 짜고 있지 말라"는 겁니다. 판을 짜는 사이에 비슷한 생각을 하는 이들이 앞서 나갈 수 있기 때문입니다. 스타트업은 특정 산업의 니치 마켓[4]을 공략하는 경우가 많은데 니치 마켓은 계속 바뀝니다. 판을 짜다가 쓱 하려고 보면 이미 갖고 있던 데이터가 다 과거 데이터로 바뀌어 있을 가능성도 높죠. 지금 당장 유효한 것을 지금 당장 찍고 들어가야 합니다. 생각만 하다가 지나고 나면 내가 하려던 것을 누군가 이미 하고 있어요. 내가 짜놨던 판이 더 이상 작동하지 않을 수도 있습니다. 일단 생각하고 나면 되든 안 되든 마음 맞는 사람들과 바로 움직여야 합니다.

김 대표님의 꿈은 무엇인가요? 개인적인 것도 좋고 사업적인 것도 좋습니다.

어느 순간부터 개인적인 목표가 생겼는데, 제 관뚜껑을 덮을 때 "아, 재밌고 후회 없는 삶이었다"라고 할 수 있는 삶을 살자는 겁니다. 죽음에 대해서 깊게 생각하다 보면 여러 생각이 듭니다. 어린 시절에는 단순히 죽는 게 무서웠는데, 지금은 사업을 하면서 '어차피 한번 사는 인생 재밌게 살다가자'는 가치관이 더 뚜렷해졌습니다.

언제가 될진 모르지만 창업을 또다시 하고 싶습니다. 창업이 제 가치관을 제일 잘 보여줄 수 있는 것 같아요. 예술가들은 예술작품을 만들고 사

4 니치 마켓(Niche market): 유사한 기존 상품이 많지만 수요자가 요구하는 바로 그 상품이 없어서 공급이 틈새처럼 비어 있는 시장. 흔히 '틈새시장'이라고 한다.

후에 유의미한 평가를 받기도 합니다. 그런데 창업가는 자신이 세상을 바꾸고 있다는 것을 즉시 느낄 수 있습니다. 미국에서도 똑똑한 사람들이 정치보다는 창업을 선호하는 경우가 있는데, 정치는 막상 해보면 세상을 바꿀 수 있는 게 없지만 창업은 자신이 하는 대로 생각보다 빨리 세상을 바꿀 수 있어서라고 합니다. 저는 정치에도 관심이 없고 어린 시절 꿈도 창업이 아니었지만, 세상을 바꾸는 창업이 매력적이라는 데는 매우 동의합니다. 제 의사결정 하나하나가 눈에 보이게 빠르게 시장을 바꿔나가는 것을 실제로 느끼고 있거든요.

전에 한 대기업이 저희 '초신선' 전략을 따라 하기 시작했는데, 사실 그러면 스타트업 입장에서는 위험한 일이지만 저희는 오히려 좋아했습니다. 우리가 그만큼 시장에 영향을 미쳤다는 증거가 되는 거고, 또 저희는 저희 나름대로 잘해나가면 된다고 생각했기 때문입니다. 저와 팀원들이 생각하는 것들을 힘을 합쳐서 잘 만들어나간다면, 지금 당장 죽어도 문제가 없을 것 같다는 생각이 들 정도로 행복하고 뿌듯할 것 같아요.

사실 회사의 꿈과 비전이 뭔지 정의하지 않고 시작해서 근래 정육각에 문제가 생기고 있었습니다. 처음에는 단순히 '맛있는 고기를 팔자'였는데, 회사 규모가 커지면서 대다수의 구성원이 모두 공감대를 형성하고 움직이기엔 비전이 부족하다는 생각이 들었습니다.

이에 계속 회사 비전을 발전시키고 다듬어가는 중입니다. 외식의 반대인 '내식'을 리딩해 가면 좋겠다. 그리고 이를 위한 사업을 구체화하자는 쪽으로 얘기가 되고 있습니다. 소비자를 위한 장바구니 추천 서비스도 필요할 테고요. 어떤 데이터를 수집해야 소비자의 삶을 좋은 방향으로 이끌 수 있을지 구체화하고 있습니다. 집에서 식사할 때 정육각을 통해 정말 만족감 높은 경험을 주고 싶습니다.

제일 큰 시나리오는 3가지인데, 결혼한 지 얼마 안 된 신혼부부가 주말 점심이나 저녁을 꽁냥꽁냥 만들어 먹을 때 정육각을 이용하는 것이 첫 번째예요. 두 번째는 주부가 가족들 저녁을 챙길 때 정육각을 이용하는 겁니다. 마지막으론 요리를 자주 하진 않는 자취생이 엄마 생신이라 미역국을 끓이고 생일 음식을 준비하려고 할 때 정육각을 찾으면 좋겠어요. 이런 3가지 시나리오에서만이라도 정육각이 행복한 경험을 만드는데 도움을 주고 싶습니다. 인스타그램 등의 후기를 보면 의도치 않게 이런 시나리오에 맞는 후기들이 많아요. "주말에 정육각으로 이런 음식을 해봤는데 맛있었다", "남편이 정육각으로 이런 음식을 만들어줬는데 최고의 요리사다"와 같은 후기들을 보면서 행복을 느낍니다. '세상이 바뀌고 있구나' 하면서요.

보통 창업자와 인터뷰하면 매출을 얼마로 끌어올리겠다, M&A를 하겠다 등의 목표를 말씀하시는데요. 김 대표님은 매우 색다른 목표들을 언급하시는 것 같습니다.

매출 목표는 제 마음을 움직이는 것이 아닙니다. 투자사가 요청하면 드릴 순 있지만요. 매출을 생각한다고 가슴이 뛰거나 그러진 않습니다. 처음 창업할 때는 당연히 회사를 키워 엑시트exit할 때 자본 차익이 크면 좋겠다고 생각했습니다. 그런데 지금은 엑시트해서 돈을 벌면 이걸로 여행을 가면 재밌겠다는 정도로 생각합니다.

한번은 창업 멤버들끼리 모여 얘기를 해봤습니다. 정육각을 언제까지 할 건지, 어떤 목표를 갖고 있는지 논의했죠. 합의점은 '깨질 때까지 해보자'였어요. 정육각이란 그릇이 깨질 때까지 키워보자고 의견을 모았습니다. 투자자들은 엄청 싫어할 구상이죠. 투자 목표를 달성한 뒤에는 적절한 시기에 엑시트하기를 원할 테니까요. 물론 저희는 투자자들이 원하는 목표를 달성해야 할 의무가 있지만, 회사를 잘 키우는 것으로 그들이 원하는 것을 다 해줄 수 있다고 생각합니다. 매출을 얼마로 키우겠다는 목표를 이루려고 하기보다, 앞서 언급한 후기들을 전 국민이 올릴 수 있게 된다면 돈은 자연스럽게 따라올 겁니다.

김재연 정육각 대표의 'Weird point'와 '어록'

#카이스트 #정육사업 #초신선 #돼지 #소 #닭 #달걀 #우유 #밀키트 #수산물

"10년 후 무엇을 먹고살지 미리 고민하기보다
당장 재밌게 할 수 있는 것을 해보자"

∘

"내부인들은 '당연하다'고 해도 외부인의 시선에서 보면
당연한 게 하나도 없다"

∘

"판 짜고 있으면 안 된다. 지금 당장 유효한 것을
지금 당장 찍고 들어가야 한다"

2

김동진 이스트엔드 대표

'K팝'에 이어 'K패션'의 인기를 선도하겠다는 패션 스타트업 '이스트엔드'를 이끌고 있다. 로즐리, 시티브리즈 등의 자체 브랜드를 육성하는 동시에 브랜드 입점 및 컨설팅, 위탁생산까지 진행하는 버티컬 패션 플랫폼을 지향한다.

블랙핑크가 픽한
패션 스타트업,

"스티즈 잡스 '빠'는 아니지만, 그의 말 중에 매우 공감해서 사무실에 걸어둔 말이 있습니다. '나의 현재는 과거가 만들어 낸 점들의 집합체다connecting the dots'라는 말입니다. 2020년 9월 1일로 이스트엔드를 창업한 지 딱 4년 됐는데요. 정말 크게 키울 수 있는 사업을 하고 있는지 고민도 되고, 창업 이전으로 돌아간다면 과연 패션사업을 했을까 싶은 생각도 합니다.

하지만 잡스 말처럼 제가 걸어온 점들이 이어져서 지금의 저를 만들었습니다. 우선 과거 의류 사업을 하시던 아버지의 성공과 실패를 보며 저 역시 의류 사업 꿈을 키웠어요. 옐로모바일 산하 옐로쇼핑미디어의 패션사업부에서 쇼핑몰 인수합병M&A를 하던 경험을 활용해 창업했죠.

제가 갑자기 다른 분야의 사업, 예를 들어 다중채널네트워크MCN나 핀테크 등의 사업을 시작했다면 더 맞지 않았을 겁니다. 잘하고 있는 건

김동진 이스트엔드 대표

지 끊임없이 고민하지만 제가 다음에 찍을 점을 위해 설정한 목표가 있고, 그것을 이루기 위해 걷는 이 길이 분명 의미 있는 연결이 될 겁니다."

1984년생인 김동진 이스트엔드 대표는 매우 스마트한 사람이다. 잠깐 통화만 해봐도 그가 자기 사업뿐 아니라 사회 전반에 대해 풍부한 지식과 통찰력을 갖고 있음을 금세 알아차릴 수 있다. 기자들은 질문에 매우 정확하고 빠르게 대답하는 사람들을 좋아하는데, 김 대표야말로 정말 질문 하나를 던지면 불필요한 말을 최소화하면서도 알기 쉽게 쫙 쏟아내는 대표적인 케이스였다. 일반적인 30대는 도달하기 어려운 수준의 내공을 갖춘 덕분일 것이다.

김 대표는 인간적인 면모도 넘친다. 그와 몇 차례 저녁 자리를 한 적이 있는데 개인적인 이야기, 특히 자신의 부족한 점과 고민들을 서슴없이 털어놔서 놀란 적이 많았다. 자신의 약점은 결코 드러내지 않아야 할 치열한 사업판에서 보기 드문 사람이었다. 나는 그의 솔직한 매력이 좋았고, 허세만 가득한 일부 사업가들과 달라 더욱 정이 갔다.

사업적으로도 눈에 띄는 성과를 내고 있다. 2020년 이스트엔드는 매출 100억 원, 영업이익 2억 원을 달성했다. 2022년에는 매출 1,000억 원을 달성하고 증시에 상장하는 것이 목표다. 이스트엔드는 중소벤처기업부가 2020년 6월 평가한 '아기 유니콘'으로 선정되기도 했다.

이스트엔드가 K패션 플랫폼으로 자리매김할 가능성을 엿볼 수 있는 사례들도 늘고 있다. K팝 스타 블랙핑크 제니와 지수, 소녀시대 태연 등이 이스트엔드 자체 브랜드인 '시티브리즈'를 입고 일상 사진을 찍거나 화보 촬영을 한 것이다. 해당 사진이 공개되자 국내외에서 제품 구입 문의가 빗발쳤다.

김 대표의 목표가 5년 후, 10년 후 어떻게 실현될지는 지켜봐야 할 것이다. 다만 '패션'이란 점들을 일관되게 이어나가려 노력하는 그의 모습을 보며, 독자들 역시 자신이 어떤 점을 찍고 이어나가야 할지 한 번쯤 생각해볼 수 있을 것이다.

패션 스타트업이란 점을 찍기까지

김 대표는 해외 유학파다. 미국 퍼듀Purdue 대학교에서 산업경영과 운용경영학을 전공했으며 수학과 과학을 좋아한다. 당연히 영어도 잘한다. 해외 유학파라고 하면 일반적으로 부유한 가정을 떠올리기 마련이다. 금수저로 태어나 생계 걱정 없이 유학 생활을 마치고 글로벌 기업에 취업하거나 창업하는 부류들. 이는 꼭 틀린 말은 아니지만 적어도 내가 만나본 해외 유학파들은 다 저마다 사정이 있었다.

김 대표의 경우 퍼듀에서 한 학기를 마치고 한국에 들어와 군대에 갔는데, 2007년 제대하고 보니 아버지의 사업이 완전히 기울어 있었다. 김 대표의 아버지는 1980년대 스포츠 브랜드 아디다스를 한국에 유통하며 부를 축적했고, 이를 바탕으로 부동산 시행사업에 손을 댔다가 크게 손해를 봤다. 집안 사정이 어려워지자 김 대표는 유학 자금을 손수 마련해야 했다. 여기저기서 돈을 끌어모아 PC방 사업을 시작한 그는 1년 만에 유학 자금을 벌고는 프랜차이즈로 키운 PC방 사업을 매각했다. 유학자금이 빠듯해 남들보다 학점을 많이 채워 들었고 2011년 졸업과 동시에 삼성전자에 취업했다.

삼성전자 무선사업부에서 재무를 담당하던 김 대표는 숫자에 대한 감을 키울 수 있었다. 하지만 월급만으론 아버지 사업 실패의 뒷감당을 할 수 없었다. 매월 수백만 원의 이자와 생활비를 지원해야 하는 상황이었다.

어릴 적 아버지 회사의 의류창고에서 뛰어놀던 추억 덕분이었을까. 김 대표는 의류 사업에 특히 관심이 갔다고 한다. 2년 만에 삼성전자를 그만 두고 지인들과 의류 관련 스타트업을 시작했다.

하지만 의견이 맞지 않아 6개월 만에 사업을 접고 말았다. 이후 김 대표는 외국계 컨설팅 회사 '아서디리틀'과 삼성 SDS의 자회사인 '오픈타이드'에서 컨설턴트로 일했다. 2015년엔 옐로모바일 산하 옐로쇼핑미디어의 패션사업부에 스카우트됐다. 특히, 이 안에서도 쇼핑몰 인수합병을 주도하는 회사 '팀그레이프'의 최고전략책임자CSO로 활동했다. 당시 김 대표는 연 매출 120억 원을 내던 쇼핑몰을 인수해 1년 반 만에 매출을 330억 원까지 끌어올렸다. 이때의 경험에서 자신감을 얻어 현재의 회사를 창업했다.

1 : 브랜드 인수 후 인큐베이팅하는 독특한 패션 플랫폼, 이스트엔드

김 대표는 패션 회사를 창업하면서 '이스트엔드EASTEND'라고 이름 지었다. 동쪽의 끝인 대한민국에서 전 세계 K패션 인기를 선도하는 온라인 플랫폼이 되겠다는 의미에서다. 이스트엔드의 전략은 명확하다. K팝의 주역인 방탄소년단BTS, 블랙핑크처럼, 전 세계적으로 사랑 받는 패션 브랜드를 20개가량 육성하겠다는 것이다.

얼핏 단순해 보일 수 있는 그의 전략이 특별한 것은 이스트엔드처럼 하는 기업이 거의 없기 때문이다. 온라인 패션 사업자들은 대부분 '브랜드'의 가치를 높이기보다는 '가격경쟁'에 몰두해 왔다. 그렇게 할 수밖에 없는 이유는 많다. 시즌마다 명품 브랜드의 옷을 카피해서 수백 개씩 쏟아내는 SPA 브랜드가 늘어나고, 각종 의류 쇼핑몰 및 SNS 판매 채널도 폭증하고 있는 탓이다. 여기에 포털사이트의 가격비교 서비스가 더해지며 '제 살 깎아먹기'가 심화됐다.

예컨대 품질과 디자인이 천차만별인 원피스가 단 1개의 카테고리로 분류돼 가격으로만 평가받다 보니 특별한 경쟁력을 갖출 필요가 없어진 시대가 된 것이다. 당장 눈에 띄고, 가격이 싸면 소비자에게 선택받는 분위기 속에서 의류 사업자들은 원가 절감을 위해 중국 생산공장들을 찾고 있다. K패션의 생산기지였던 동대문 의류시장이 급격히 무너지게 된 배경이다.

김 대표는 이런 관행이 국내 의류 생태계를 무너뜨리고 오히려 의류의 질을 과거보다 떨어뜨리고 있다고 판단했다. 한 벌 가격이 수백만 원대여도 소비자들이 줄을 서서 사는 수입 명품 브랜드처럼 한국에서도 고부가 가치를 낼 수 있는 패션 브랜드가 나와야 한다고 봤다. 이것은 그가 잠재력 높은 브랜드를 찾아 인수 후 육성해야겠다고 생각한 이유이기도 하다.

이스트엔드는 그동안 3번의 M&A를 단행하고, 자체 브랜드도 만들어 총 11개의 브랜드를 론칭했다. 2020년 12월 기준 로즐리Rozley, 시티브리즈Citybreeze, 애플앤딥AppleN'Dip, 웬디고WENDIGO, 제나ZENNA 등 7개의 브랜드를 운영하고 있다. 2021년 상반기 중 골프복 브랜드와 화장품 브랜드도 론칭할 예정이다. 김 대표는 인수한 브랜드들이 오직 디자인과 제품 개발에만 집중하도록 필요한 모든 업무를 지원한다. 브랜딩 파워를 높이는 것부터 재무, 회계, 유통, 해외 판로 개척 등을 맡고 있다. 대신 내부 브랜드들끼리 확실한 색깔을 가지고 경쟁하도록 독려한다. 글로벌에서 통할 수 있는 떡잎을 끊임없이 고르는 것이다.

이스트엔드의 캐시카우[1]는 현재 로즐리로, '원피스 맛집'으로 유명해

1 캐시카우(Cash Cow): 수익창출원. 확실한 돈벌이가 되는 상품이나 사업을 의미.

'원피스 맛집' '러블리 페미닌룩'으로
유명한 로즐리 브랜드 의류 화보

졌다. 20~30대 여성을 겨냥한 '러블리 페미닌룩lovely feminine look' 콘셉트의 오피스룩, 블라우스 등이 인기를 끌며 2017년 월 1억 원대였던 매출이 2020년에는 월 10억 원대로 성장했다. 여성 영캐주얼 브랜드인 시티브리즈는 스포티하면서도 독특한 감성으로 인기몰이 중이다. 최근에는 소녀시대 태연과 블랙핑크 제니, 지수가 입는 옷으로 유명세를 탔다. 제니의 경우 시티브리즈 티셔츠를 입고 앨범 촬영까지 했다.

브랜딩에 열을 올리는 이유가 뭔가요? 싼 옷이 넘쳐나고 가격 비교로 평가받는 환경에서 너무 고통스러운 과정이 아닐까요? 스타트업인 만큼 당장 수익도 생각해야 할 텐데요.

제가 브랜딩에 목숨을 거는 이유는 여러 가지입니다. 무엇보다 저는 단순히 특정 브랜드로 홍해서 돈을 벌고 끝내는 사업자가 되고 싶지 않습니다. 전 세계 K패션 트렌드를 선도하는 플랫폼이 되는 게 꿈입니다. 20개까지 자체 브랜드를 늘리겠다는 목표도 과정에 불과합니다. 이스트엔드가 어떤 기업인지도 모르는데 잘나가는 브랜드들이 저희에게 독점적인 권한을 주면서 입점할까요? 저희가 브랜드를 육성하는 데 남다른 역량이 있다는 것을 우선 보여줘야 새로운 브랜드들이 저희를 선택할 겁니다. 브랜드 파워가 플랫폼 파워를 높이고 다시 플랫폼이 입점 브랜드들에 힘을 실어주는 선순환이 가능해지는 거죠.

과거엔 사업하는 방식이 비교적 단순했습니다. 팔고자 하는 물건과 시장을 명확하게 정하고 거기에 맞춘 사업 모델을 세팅하면 됐죠. 예컨대 '맥주'를 '국내'에서 팔겠다는 식으로요.

하지만 이제 이렇게 단순한 방식으로 돈을 벌 수 있는 시대는 끝났다고 봅니다. 이미 다 점령됐기 때문이죠. 온라인 시장이 유망하다고 하지만 온라인 시장도 마찬가지예요. 예컨대 패션 쪽에서는 무신사가 이미 플랫폼으로서 가장 큰 위치를 차지하고 있습니다. 다른 패션 플랫폼들은 힘을 쓰지 못해요. 이스트엔드가 단순한 패션 플랫폼이 되는 게 1차적인 목표가 될 수 없는 이유입니다. 지금 당장 무신사처럼 될 수 있는 모멘텀momentum도 없고, 시기적으로도 늦었죠.

그러면 이제 어떻게 해야 할까요? 오목이 아니라 바둑을 둬야겠죠. 단순히 돌을 5개 먼저 두면 이기는 방식이 아니라 이곳저곳에 돌을 두고 이으면서 집을 만드는 방식을 선택하는 겁니다. "왜 저기에 돌을 뒀지?", "왜 반대편 구석에 뒀지?"라며 남들은 의아해하지만, 저희가 원하는 그림을 그릴 수 있는 게 이스트엔드가 성장하는 방식입니다.

브랜드가 갖는 힘은 막강합니다. 앞서 언급한 것처럼 잘 키운 브랜드는 저희 이스트엔드란 플랫폼의 영향력을 높이는 데 기여할 수 있고, 그 자체로도 훌륭한 캐시카우가 될 수 있습니다. 시가총액 기준으로 세계 의류 회사 톱 20위 중 13위인 미국 스티치픽스Stitch Fix를 제외하곤 전부 브랜드 중심 회사예요. 1위는 루이비통Louis Vuitton 등을 보유한 LVMH, 2위는 에르메스Hermès 등이고 한국 기업 중에서는 휠라코리아Fila Korea와 F&F(MLB, Discovery 등 보유)가 각각 16위와 18위에 올라 있습니다. 최상위권은 각 회사별로 브랜드가 10개 안팎인데도 시가총액이 수백조 원에 달해요. 미국 패션기업 슈프림Supreme은 단일 브랜드로 기업가치가

5조 원이 넘고, 창업한 지 6년밖에 안 된 신발 회사올버즈Allbirds도 벌써 시총이 2조 원이 넘습니다.

필수 소비재의 가치가 계속해서 떨어지는데도 이들 기업과 브랜드는 훨훨 나는 이유가 뭘까요? 패션이 디자인이나 마케팅을 통해서 부가가치를 높일 수 있는 사업이기 때문입니다. 에르메스, 샤넬CHANEL, 슈프림 등은 계속해서 새로운 제품을 만들고 가치를 부여하고 여기에 모든 연예인이 열광하게 만들죠. 그러면 대중들은 여기에 또 열광하며 브랜드의 인기가 이어집니다. 옷은 인간의 역사와 함께 변화해 왔고 오랜 역사를 갖고 있기 때문에 과거에서 모티브만 계속 따도 시즌은 수백 개씩 열 수 있어요. 브랜드가 지속가능한 이유입니다.

이스트엔드는 루이비통이나 디올Dior처럼 글로벌 브랜드로 성장할 만한 브랜드를 20개까지 늘릴 겁니다. 현재 보유한 7개 브랜드 중에 3~4개 브랜드는 이제 전 세계에 선보일 수 있는 수준이 됐다고 판단합니다. 시티브리즈가 대표적이죠. 이런 브랜드를 통해 우선 각각 연매출 200억 원 정도를 내는 게 목표입니다.

디테일한 방법 면에서는 퀄리티 높은 제품 개발에 주력하면서 다품종 소량 생산을 이어가려고 합니다. 질 좋고 디자인이 흔하지 않아야 하죠. 태연이나 블랙핑크가 저희 옷을 입어준 것은 너무 감사한 일입니다. 이후 해당 옷의 주문이 폭주했지만 대량생산할 생각은 없었습니다. 똑같은 옷이 많아질수록 가치가 떨어지기 때문이죠. 패션에 관심이 많은 사람일수록 남들과 똑같은 옷을 입기 싫어해요. 저희가 겨냥하는 1020세대 소비자는 더욱 그렇습니다. 한번 입고 버릴 옷이 될지 10번 이상 입을 수 있는 가치 있는 옷이 될지는 저희가 선택하는 거예요. 당장 옷을 많이 팔아서 수익을 내면 돈이야 벌겠지만 지속가능하지 않다고 봅니다.

의류는 대량생산으로 원가를 낮춰야 이윤을 극대화할 수 있다는 게 일반적인 상식입니다. 다품종 소량 생산으로 돈을 벌 수 있을까요?

시티브리즈의 경우 2020년 6월 매출 3억 원을 거뒀는데 영업이익이 1억 원이나 났습니다. 제가 브랜드 숫자를 늘리고 포트폴리오를 확장한다는 큰 그림을 갖고 다른 곳에 투자하지 않는다면 시티브리즈만으로 월 1억 원을 남겨 1년에 12억 원을 벌 수 있는 셈이죠.

중요한 것은 제값을 받고 팔 수 있어야 한다는 것입니다. 온라인 브랜드는 원가 대비 판매가의 적정 배수가 3~5배입니다. 오프라인 브랜드는 8~20배에 달하죠. 백화점 유통 마진을 비롯해서 각 사업장 매니저들에게 줘야 하는 인센티브, 매장 인테리어 비용, 악성 재고율 등을 감안해야 하니까요. 원가 대비 판매가가 매우 높은 이유입니다.

오프라인 브랜드는 최초 판매가를 높게 설정하고 백화점에서 아웃렛으로 옮겨가며 팔면서 원금을 회수합니다. 대량 생산해서 판매 기간을 6개월 이상 가져가죠. 이 기간에 유통 채널이 달라지며 가격이 낮아지는 것을 소비자도 인정합니다. "나의 시간과 노력을 투자해서 교외의 아웃렛을 가는 만큼 싸게 살 수 있는 거야"라고 납득하니까요.

온라인 판매에서는 이 같은 구조가 적용이 안 됩니다. 좋은 제품이라고 만들어 놨는데 온라인 쇼핑몰마다 가격이 다르다면? 스마트폰 안에서 손가락 몇 번 움직였는데 판매처마다 가격이 다르면 브랜드 신뢰도가 완전히 무너집니다. 또, 어떤 제품은 아무리 가격을 할인해도 절대 팔리지 않는데, 이건 할인 효과가 없는 게 아니라 온라인에서 팔릴 만한 매력이 없는 제품인 거예요. 상당수 온라인 브랜드들은 이 같은 점을 모르고 무작정 할인 정책에 돌입합니다. 비슷한 가격대의 브랜드들끼리 저가 경쟁을 벌이면서 수익성이 나빠지는 악순환이 반복되는 거죠.

저는 이스트엔드 브랜드의 제품 가치를 온전히 인정받고 싶습니다. 할인이 없다고 구매하지 않는 사람은 어차피 안 사게 돼 있습니다. 할인을 해도 그게 소중하지 않죠. 온라인 판매에선 중간이 없습니다. 고가 아니면 완전히 박리다매로 가야 하는데, 박리다매로 가면 저희의 독창적인 디자인과 브랜드 파워를 다 잃고 저가형 상품과 경쟁해야 합니다. 이 경우 해외 대형 브랜드가 한 번에 몇만 장씩 찍어내는 것과 가격으로 경쟁하기 힘들어요.

샤넬이 왜 비싼데도 잘 팔리는지 생각해 볼까요? 소비자가 샤넬의 가격 상승을 확인하는 독특한 경험 때문입니다. "가격이 너무 비싸. 어쩌지? 그런데 전통적인 모델을 제외하곤 디자인이 똑같은 게 없네? 가격도 계속 올라. 전통적인 모델이든 새로운 모델이든 우선 사야겠어"라는 식으로 샤넬을 대하는 소비자의 마음은 비슷한 사이클을 겪습니다. 샤넬 구매자들이 이런 생각을 확산시키죠. 그들 주장대로 가격은 역시 또 오릅니다. 옆에서 이를 지켜보는 사람들은 기존 구매자들의 생각이 맞았다는 것을 경험하면서 샤넬의 새로운 고객이 됩니다. 샤넬이 계속해서 가격을 올려도 잘되는 이유입니다.
반면에 온라인 브랜드는 반대로 갑니다. 계속해서 세일을 더 해줄 수 있다는 메시지를 던집니다. 역효과로 사람들은 온라인 세일에 둔감해지죠. 저 역시 회사 브랜드 제품들을 좀 더 싸게 많이 팔고 싶다는 생각을 하다가도 다시 마음을 붙잡습니다. 실제 고객들의 목소리를 들어보면 그들은 너무 싼 제품엔 흥미를 느끼지 않아요. 할인하는 제품은 가치가 없어 보인다고 말합니다.

브랜딩의 중요성에 대해 가격 말고 또 다른 '경험' 면에서 이야기해 볼까요? 최근 파타고니아 창업자 이본 쉬나드가 쓴 《파타고니아, 파도가 칠 때는 서핑을》을 읽었습니다. 파타고니아Patagonia는 60년 이상 된 브랜드인데 그들이 사업 초기부터 '필必환경'이 전 세계적 트렌드가 될 거라고 생각했는지는 모르겠습니다. 어쨌든 그들은 환경을 위해 옷을 최대한 수선해 입자고 호소하면서 "우리 옷을 사지 마세요"란 캠페인을 벌였죠. 그러면서 환경에 영향을 최소화하는 방법으로 옷을 만들었습니다. 여기에 소비자들은 열광했습니다. 파타고니아의 브랜드 정체성이 팬덤fandom을 만든 거죠.
저 역시 패션사업을 하고 있지만, 옷을 생산할 때 환경에 얼마나 많은 피해를 주는지 잘 알고 있습니다. 패스트fast패션 브랜드의 상품이나 저가로 개발하는 상품일수록 환경을 더욱 오염시키죠. 제작하는 과정뿐만 아니라 판매된 이후에도 그래요. 한번 빨면 줄어들거나 유행이 지나서 안 입게 되죠. 소비자들도 이를 잘 알고 있습니다. 코로나19로 우리가 사는 환경에 대한 고민이 더욱 커졌습니다. 좀 더 오래 입을 수 있고 지속가능한 패션 브랜드에 대한 니즈가 당연히 커질 거예요.

파타고니아 같은 브랜드를 꼭 해보고 싶습니다. 양털, 대나무 죽순 등 자연에서 얻을 수 있는 소재만을 활용한 제품을 만드는 브랜드를요. 지금 전 세계적으로 인기를 끌고 있는 올버즈라는 신발 브랜드는 양털을 활용해 신발을 만드는데, 양털은 동물 가죽과 달리 생명을 죽이지 않고도 얻을 수 있어요. 털을 깎으면 다시 자라니까요. 과거에 일을 같이 해본 친구가 현재 올버즈의 한국 사업을 담당하고 있습니다. 이들을 설득해서 올버즈 제품 생산을 돕고, 대신 친환경 제품 생산 노하우를 얻어 이를 바탕으로 브랜드를 론칭하고 싶습니다.

앞서 언급한 비할인 정책과 차별화되는 경험을 통한 브랜드 가치 구축은 물론 쉬운 일이 아닙니다. 현실적인 어려움이 따르죠. 브랜드가 성장할 때까지 시간이 오래 걸릴 수도 있고 중간에 접어야 하는 브랜드도 생깁니다. 이런 위험에 대비해서 이스트엔드는 자체 브랜드 육성 이외에도 타사 브랜드 위탁생산 OEM · ODM 을 전개하고, 자체 공장과 물류센터까지 운영하고 있습니다.

2 : 제조·물류를 수직계열화하고 자체 브랜드 생산부터 OEM, 컨설팅까지 다 하는 스타트업

이스트엔드는 단순히 디자이너 브랜드를 모아놓은 스타트업이 아니다. 사업의 지속가능성을 위해 캐시카우를 두면서도 포트폴리오 다변화를 꾀하고 있다. 디자이너 브랜드 육성과 더불어 OEM·ODM 사업을 한 축으로 이를 위한 자체 공장 및 물류센터까지 확보했다. 자체 브랜드 생산뿐만 아니라 타 브랜드 협업 제품 생산에서도 속도를 높이고 안정적인 물량 확보를 보장하기 위해서다.

너무 많은 곳에 손을 대서 걱정하는 분들이 있을 것 같습니다. 하나에 집중하는 게 나을 수도 있을 텐데 이렇듯 포트폴리오를 확대하는 이유는 무엇인가요?

자체 브랜드의 성장 속도만으로는 독보적인 플랫폼이 될 수 없고, 특히 K패션 브랜드들이 글로벌에서 활약하기엔 역부족일 것 같다고 판단했기 때문입니다. 저는 이스트엔드가 직접 다 하는 것보다, 유망한 스트리트 브랜드의 위탁생산을 맡아 함께 성장하는 것이 유리하다고 봤습니다.

제작을 도와주면서 신뢰 관계를 구축할 수 있고, 그러면서 그들의 디자인 기획과 브랜딩 작업에도 동참할 수 있게 되죠. 서로 니즈가 맞을 경우 M&A까지도 할 수 있고요.

이스트엔드의 사업부는 크게 3개입니다. 브랜드 퍼블리싱 사업부(자체 브랜드 사업부), OEM·ODM 사업부, 해외 플랫폼 사업부입니다. OEM 사업부에서는 타 브랜드의 생산을 도와줍니다. 쿠팡 의류 PB[2]를 비롯해 샌드박스SANDBOX나 비디오빌리지VIDEO VILLAGE 같은 콘텐츠 커머스 회사의 생산도 맡죠. MCN[3]이나 V커머스[4]에 이스트엔드의 상품 기획·생산 능력을 홍보하는 제안서를 보냈더니 대부분 업체들이 관심을 보였습니다. 연예인이나 인플루언서influencer의 이름을 내건 패션 아이템을 만들어 팔고 싶어 하면서도, 생산 방법을 모르고 판매가 책정에도 어려움을 겪고 있었죠. 이스트엔드는 현재 샌드박스 등 5개 MCN 회사의 의류 생산을 돕고 있고, 쌍방울그룹이 인수한 패션 브랜드 어반에이지Urbanage의 생산도 맡고 있습니다.
의류 제조공장을 인수한 건 고객사가 의뢰한 옷을 바로 만들어서 보여주고 피드백을 받기 위해서입니다. 공장을 빌려 쓰거나 재하청을 줄 경우 제작 속도가 떨어질 수밖에 없습니다. 패션사업을 전문으로 해보지 않은

2 PB(Private Brand): 유통업체가 만드는 자체 브랜드 상품.
3 MCN(Multi Channel Network): 주로 유튜브 스타를 위한 기획사.
4 V커머스(Video Commerce): SNS에서 주로 동영상을 통해 상품을 홍보하고 판매하는 것.

서울 성동구 성수동에 위치한 이스트엔드 오피스

사람일수록 본인이 제작 의뢰한 옷을 실제로 받아 봤을 때 만족도가 떨어집니다. 본인은 원하는 디자인과 콘셉트를 열심히 설명했다고 생각하지만, 막상 옷을 만드는 사람들이 이해한 내용과 괴리가 생기는 경우가 많기 때문이죠. 그래서 저희는 공장을 빌려 쓰기보다 자체 공장에서 고객이 요청한 옷을 하루 만에 만들어서 보여주는 방법을 택했습니다. 고객사 피드백을 빠르게 받고 수정한 옷을 생산함으로써 생산 비용과 시간을 줄이고, 고객사 만족도도 높일 수 있어서 여러모로 장점이 많습니다.

패션 아이템 개발은 2개 부문으로 나뉩니다. 아파트 건설로 치면 시행과 시공이 있듯이요. 디자이너가 시행을 맡는 셈이죠. 아파트 시공에선 고객들에게 보여줄 수 있는 모델하우스가 존재합니다. 저는 패션회사인 만큼 시공에 해당하는 제작 과정에서 눈으로 보여줄 수 있는 '모델하우스'를 만들고 싶었어요. 이를 위해 3년 정도 된 제조 공장을 인수하고, 여기

고객이 원하는 상품을 빠르게 배송하는 이스트엔드 물류창고. 패션 스타트업에서 보기 힘든 규모다.

의류 디자인과 샘플 작업이 가능한 이스트엔드 자체 생산 공장. 샘플을 빠르게 제공해 고객의 만족도를 높인다.

에 소속돼 있던 직원 7명을 영입했습니다. 4억 원 정도 투자했죠. 저희 회사 사무실 한 공간에 마련된 공장에선 15명 정도가 동시에 일할 수 있어요. 재봉틀만 11개가 있고, 패턴을 짜는 것부터 다림질, 바느질 등을 모두 할 수 있습니다. 이 정도 규모면 국내 의류 제조 공장에서 제법 큰 편에 속합니다(동대문 도소매 시장의 생산기지인 종로구 창신동 등을 방문해보면 제조 공장이라고 해도 영세한 경우가 많다). 이곳을 포함해 이스트엔드 물량만 생산할 수 있는 공장이 7개나 됩니다. 4개는 이스트엔드 의류 생산을 위해 계속 돌아가고 있고, 다른 3개도 저희 회사의 요청 다음 날부턴 생산에 돌입할 수 있습니다.

이스트엔드의 또 다른 경쟁력은 '풀필먼트Fulfillment'입니다. 이는 온라인 패션기업의 핵심 요소로서 물류를 빠르고 안전하게 수행하기 위해 자체적으로 운영하는 것을 말합니다. 외주에 맡겨선 고객을 놓칠 가능성이 높죠. 중요한 것은 저희가 물류창고의 규모를 넓히는 것보다 '센터'를 구축하는 데 무게중심을 두고 있다는 점입니다. 빠른 배송보다는 고객이 원하는 물건을 확보해 두려는 데 의의가 있습니다. 물류센터가 저희 것이어야 재고를 저희가 조정할 수 있고, 고객이 원하는 물건이 있는지 없는지 확실하게 알 수 있어요. 이를 통해 고객은 '재고가 있다'고 확인해서 주문했는데 물건이 없는 상황을 막을 수 있죠. 또 해외 비즈니스를 하기에도 유리합니다. 주요 해외 사업지에도 물류 허브를 둘 계획인데, 이곳은 자체 브랜드 상품이라든지 가장 인기 있고 중요한 상품을 두는 용도로 활용할 겁니다.

참고로 쿠팡처럼 빠른 배송을 위해 물류기지를 전국적으로 확장하는 방식엔 투자하지 않으려고 합니다. 현재 배송을 전문으로 하는 업체들이 많아서 건당 몇천 원만 내면 당일 배송, 익일 배송이 가능하죠. 배송 전문 업체와의 파트너십만 잘 유지하면 됩니다. 회사 규모가 커져서 주문 물량이 늘어난다 해도 마찬가지 전략일 겁니다.

해외 글로벌 비즈니스는 어떤 전략을 세우고 실행하고 있나요?

이스트엔드가 오프라인이 아닌 온라인 중심 패션기업이라 글로벌 비즈니스에 더욱 유리한 점이 있습니다. 저희가 풀필먼트 규모를 19,835㎡(6,000평)까지 늘리겠다는 건 주요 국가에 허브를 하나씩 만들어 놓고 물건을 보내놓기 위해서입니다. 현재 우리나라에 디홀릭DHOLIC이라는 회사가 있는데, 주로 일본을 겨냥한 쇼핑몰인데도 2020년 매출 1,500억 원가량을 기록했습니다. 일본에서만 인기를 얻어도 이 정도입니다. 글로벌에서 통하는 K패션 브랜드가 된다면 훨씬 더 큰 매출을 낼 수 있습니다.
이스트엔드는 디자이너 브랜드들을 모아서 미국, 일본, 태국 등에 물건을 보내고 판매할 계획입니다. 코로나19에 따른 언택트untact 소비가 늘면서 전망이 더욱 밝아졌습니다. 또 K뮤비, K팝 등이 뜬 덕분에 K패션을 선보일 공간도 많아졌습니다. 영화, 뮤직비디오에서 K패션 브랜드가 등장하면서 글로벌한 관심이 높아졌죠. 편집숍 에이랜드A-LAND의 미국 뉴욕 매장 매출은 코로나19에 따른 팬데믹 와중에도 올랐어요. BTS 등의 영향으로 K패션에 대한 관심이 높아진 영향입니다.
에이랜드의 경우 10년 이상 사업을 해왔는데 특히 2020년에 해외 사업 제안을 많이 받은 것으로 알고 있습니다. 미국 뉴욕에 연 매장을 보고 투자자들이 알아본 덕분이죠. "K패션을 모아놓은 곳이구나", "사업이 되겠다"라는 평가가 많았다고 해요. 이는 단순히 K패션에 대한 수요가 늘어나니까 물량 공급만 늘어나는 상황과는 다릅니다. 금융자본이 움직이면서 더욱 빠르게 성장할 수 있는 모멘텀이 만들어지는 거죠.

K패션 브랜드의 성공 가능성을 높게 보시는 건가요?

전 무조건 된다고 생각합니다. 오히려 더 유리하다고 봐요. K팝과 K뷰티 효과가 생각보다 큽니다. 샤넬 같은 명품 브랜드가 보그Vogue 등의 잡지에서 광고를 할 때 쓰는 모델은 전통적으로 백인이었는데 이제는 아시안이 될 가능성이 높아졌어요. 글로벌 브랜드 모델의 얼굴색은 매우 중요합니다. 이 경우 아시안을 겨냥해 브랜드를 육성해온 기업들이 성장할 수 있죠. 뮤지션, 영화배우 등에서도 비슷한 변화가 생길 겁니다.

아울러 K패션 브랜드의 글로벌 성장을 뒷받침할 수 있는 제조기술 역시 우리나라의 강점입니다. 올버즈 제품 생산의 50%를 한국의 부산 공장에서 맡고 있는 걸 알고 계신가요? 올버즈는 친환경 신발 생산으로 폭발적으로 성장한 브랜드인데, 양모와 대나무 껍질을 활용한 제조를 우리나라 공장의 기술력으로 구현하고 있어요.

마케팅에서 중요한 'K패션 브랜드의 인지도'가 그만큼 높아졌다고 볼 수 있습니다. 제조 기술력도 충분히 갖추고 있고요. 더구나 해외에 유통망을 다 깔 필요도 없습니다. 온라인 판매가 가능하기 때문에 과거보다 K

패션 브랜드가 훨씬 빠르게 성장할 수 있는 환경입니다. 1994년 설립된 슈프림은 약 20년 만인 2017년에 기업가치 1조 원을 돌파했고, 같은 해 칼라일그룹이 5,000억 원을 들여 슈프림 지분 50%를 인수했습니다. 반면에 2014년 설립된 올버즈는 약 5년 만에 1조 원이 넘는 가치를 인정받고 수천억 원을 투자받았습니다. 슈프림은 오프라인 시대에 생겼고, 올버즈는 온라인 시대에 생겼는데 그만큼 성장할 수 있는 속도가 빨라진 겁니다.

김 대표님은 브랜드의 중요성을 강조하시는데, K패션 브랜드 중에 슈프림이나 휠라처럼 글로벌하게 인기 있을 만한 떡잎이 있나요?

우리나라에 이미 몇 개가 있는데요. 우선 젝시믹스XEXYMIX가 떠오릅니다. 남여 모두에게 인기 있는 스포츠웨어 브랜드인데요. 독특한 브랜드 색깔에다 자본력, 연예인 마케팅이 잘 결합되면서 크게 되고 있는 사례 중 하나라고 생각합니다. 젝시믹스를 알아본 투자자들이 인기 있는 연예인 광고를 찍을 수 있고 주요 유통채널에서 힘을 발휘할 수 있을 만한 자본을 투입해 줬습니다. 특히 레깅스가 갖는 기능성, 편리함, 비주얼적인 매력 등이 투자자들의 마음을 사로잡았죠. 젝시믹스 매출은 2019년에 690억 원이 넘었고 2020년에는 1,000억 원 이상이었습니다.
여성 스트리트 브랜드인 키르시KIRSH도 꼽을 수 있습니다. 일본에서 특히 인기가 많은 브랜드인데요. 키르시를 비롯해 비바스튜디오VIVASTUDIO

등 매출 200억 원 이상인 브랜드가 우리나라에 20~30개가량 있습니다. 아직 여기에 붙는 자본력이 크지 않아서 매출이 1,000억 원, 2,000억 원 이상 되지 않은 것이라고 보는데, 그게 오히려 장점이라고 생각합니다. 자본파워가 우선시되면서 독창적인 브랜드 정체성과 퀄리티 등을 갖추지 못하고 비슷한 옷들만 나오는 사례보다 훨씬 낫죠. 대중적인 브랜드로 바뀌고 나면 오히려 인기가 떨어질 수 있거든요. 옷은 남과 똑같이 입기 싫어지기 마련이니까요.

저희 회사 브랜드 중에선 로즐리와 시티브리즈를 기대하고 있습니다. 로즐리는 쇼핑몰에 더 가깝긴 하지만 자체 제작 비율이 웬만한 쇼핑몰보다 훨씬 높아요. 시티브리즈는 완전히 저희 제품으로 해서 1년에 4번 시즌을 전개하죠. 어떤 대기업의 패션 브랜드가 시티브리즈의 2019년 시즌 제품을 카피하기도 했습니다. 화가 나지만 시티브리즈의 새 상품을 더욱 많은 디자이너들이 집중해서 보게 될 것이란 생각도 해요. 시티브리즈는 2020년 6월에만 3억 원의 매출을 올렸고 2020년에는 매출 40억 원을 올렸습니다. 시티브리즈 자체로만 2~3년 안에 연매출 200억~300억 원 규모로 키우는 게 목표예요. 매출이 매년 2배씩 성장하고 있어서 목표 달성을 긍정적으로 보고 있습니다. 일본으로 유통이 확 늘어날 계약도 앞두고 있고요.

breeze 1990's catalog

다품종 소량생산, 노세일(일부 5~10% 세일) 원칙으로 고급스러운 이미지를 쌓고 있는 시티브리즈 브랜드. 시티브리즈-시티, 시티브리즈-브리즈, 시티브리즈-니니 등 3개 라인으로 운영 중이다.

말씀하신 20~30개 브랜드가 5년 후, 10년 후에도 지속가능하려면 어떤 특성이 있어야 할까요?

결국 새로운 시도를 계속하면서 디자인과 제품력에서 퍼포먼스를 끊임없이 보여줘야 하겠죠. 그런 측면에서 이스트엔드가 가장 중요하게 여기는 것도 '프로덕트 퍼스트'예요. 옷인데 제품 개발을 안 하고 뜰 순 없죠. 그래서 저희는 쇼핑몰보다는 브랜드 중심으로 가려고 합니다. 새로운 시도가 계속해서 새로운 브랜드를 내는 것일 필요는 없어요. 어떤 폭포에서 물이 흐르면 새로 흐르는 물은 아까 흐르던 그 물이 아니죠. 같은 브랜드 내에서도 계속해서 새로운 것을 보여줄 수 있습니다.

3 : “당장 돈 되는 사업보다 비전 갖고 중장기 전략 짜야”

이스트엔드는 2020년 9월 1일 자로 설립된 지 만 4년이 됐다. 2020년 매출 100억 원을 달성했으며 향후 3년 안에 상장하는 것이 목표다. 2021년과 2022년 실적을 바탕으로 기업공개 심사를 받아야 하는 만큼 시간이 넉넉하지 않다. 이스트엔드란 회사도 알려야 하고 자체 브랜드 파워도 키워야 한다. 갈 길이 먼 회사인 셈이다.

그럼에도 불구하고 김 대표가 창업 시장 전반에 대해 갖고 있는 생각은 독자들에게 소개할 만하다. 이제 막 창업한 이들이나 창업을 꿈꾸는 이들에겐 이스트엔드의 사례가 좀 더 현실적으로 와 닿을 수 있기 때문이다. 스타트업은 창업한 지 3년 내에 망하는 경우가 많고, 이 정도로 성장한 회사는 더욱 드물다.

이스트엔드는 2020년 6월 중소벤처기업부가 발표한 ‘아기 유니콘’에도 선정됐다. 기업가치 1조 원 이상으로 성장할 수 있는 유니콘의 기본 자질을 갖췄음을 인정받은 것이다.

현재 외발 자전거를 밟고 있는 것과 비슷해서 멈추면 쓰러진다고 하셨는데 무슨 의미인가요?

스타트업들은 미래가치를 위해 현재를 희생하는 비즈니스를 합니다. 당장 돈이 되는 걸 선택해서 성장하는 회사도 있지만, 저희 회사는 좀 더 먼 미래를 내다보며 일단 투자하는 데 집중하고 있습니다. 그렇다 보니 현재 가만히 서 있을 수 있는 힘이 없어요. 페달을 놓는 순간 멈췄다 가지 못하고 주저앉을 수 있다는 의미입니다. 목표를 향해 계속 달려야 하는 거죠.

당장 돈 되는 사업을 해서 성공하는 분들도 있어요. 예컨대 음식점을 할 경우 트렌드에 맞게 잘 운영하면서 소비자 심리를 분석하면 1개 매장에서도 부자가 탄생할 수 있습니다. 유튜버나 인플루언서 같은 1인 비즈니스를 해서 돈을 버는 분들도 있습니다. 이런 분들의 공통점은 리스크가 상대적으로 적다는 겁니다. 첫 번째로 자본의 투입이 그렇게 많지 않고, 두 번째로 자기 외에 고용하는 관계를 많이 갖지 않아요. 이런 방식으로 1개 매장이 잘될 경우 다른 매장을 여러 개 가져가는 분들이 많이 있습니다.

다만 저는 개인적으로 이런 비즈니스 모델을 스타트업이라고 하긴 어렵다고 봅니다. 단기적 수익에 집중하면서 목돈을 만드는 게 목적이라면요. 저를 비롯해 주변 스타트업 대표들은 미래에 기업 가치를 높이는 것과 새로운 경험을 제공할 수 있는 서비스를 추구하고 있습니다.

현재 이스트엔드가 해나가는 사업들은 창업할 때부터 머릿속에서 떠올린 것들인가요? 창업 초기의 아이디어와 실제 사업을 하면서 진행하는 일들 사이에 괴리감은 얼마나 큰가요?

대부분 사업 초기에 생각했던 것들을 실천하고 있어요. 막연하긴 했지만 K패션이 글로벌로 갈 수 있겠다 싶었고, 이를 위해 해야 한다고 생각했던 것들을 하고 있죠. 저나 주위 스타트업 대표들을 보면 저 꼭대기에 목표를 세워 놓은 대로 가고 있습니다. 원래 하고자 했던 사업 모델 자체를 바꾸지 않는 한도 내에서요. 당초 예상했던 대로 안 될 때는 전략을 조금씩 수정하지만 중요한 것은 방향성인 것 같습니다. 일관성을 갖고 뚝심 있게 밀고 나가는 게 필요해요.
이스트엔드는 K패션 플랫폼이 되겠다는 목표를 갖고 있습니다. 남들은 쇼핑몰이나 브랜드 사업만 하고 있다고 볼 수도 있어요. 하지만 저는 K패션 플랫폼이라는 뚜렷한 목표를 갖고 움직이고 있습니다. 목표를 갖고 움직이는 것과 그냥 현재 할 수 있는 걸 하는 것은 차이가 크다고 확신합니다.
남들이 지적하는 점에 자신만의 논리로 대응할 필요도 있어요. 일부 투자자(벤처캐피털) 관계자들이 저에게 이스트엔드의 특별한 강점이 뭐냐고 집요하게 물어보더군요. 이에 저는 '이스트엔드의 조직과 시간'이라고 답했죠. 브랜드 육성을 해왔고 이를 가능하게 하는 조직을 만들었다, 스마트한 사람들을 모았고 자생했다고 말했어요. 그랬더니 어떤 분이 "너무 정성적이다. 힘이 아니다"라고 지적했습니다.

이럴 때 초기 스타트업들은 어떻게든 '숫자'를 만들어서 보여주려고 노력해요. 정량적인 걸 보여주려고 애쓰죠. 하지만 저는 정답이 한 가지는 아니라고 생각합니다. 숫자는 강력한 근거가 되기도 하지만 의미가 없을 때도 있어요. 당장 벌고 있는 매출이라든지 수익이라든지 방문자수, 조회수 이런 것들은 시시각각 변할 수 있기 때문이죠. 잘나가던 프리첼과 싸이월드도 망했잖아요. 대규모 자본이 이동하는 계기가 생기면 방문자 500만명이 넘던 사이트도 순식간에 제로가 될 수 있다고 봅니다. 제가 개인적으로 좋아하는 멘토는 송은강 캡스톤파트너스 대표님인데, 저희에게 아무것도 없을 때 이런 내용에 공감해 주시고 선뜻 투자를 해주신 분입니다.

전략적으로 큰 그림을 그렸고 그대로 잘해오신 걸로 보입니다. 하지만 실제 사업하는 입장에서는 자금 부족이라든지 현실적인 고민이 있었을 텐데요. 크게 적자를 본 적은 없었나요?

가장 큰 적자를 낸 건 가장 많이 투자받은 2018년이었습니다. 다른 회사에 투자하려고 평판 조회를 하기 위해 저를 찾았던 투자사 두 곳이 저에게 투자했죠. 당시 그분들이 궁금해하던 회사에 대해서 솔직히 많은 것을 알지는 못했어요. 그래서 아는 대로 말씀드리면서 저희 회사 이야기도 했는데, 갑자기 저희에게 투자하고 싶다고 하셔서 깜짝 놀랐습니다. 당시 몇몇 투자사가 더해져서 총 27억 5,000만 원을 투자받았습니다. 그때가 가장 아둔했던 시기였어요. 처음에 그렸던 그림이 실현되던 시기도 아니었는데 말이죠. 원래 생각했던 것보다 큰돈이 들어오니까 로즐리 쇼핑몰을 빨리 키워서 돈을 벌고 싶었어요. 저희 회사는 쇼핑몰에 무게 중심을 둔 곳이 아니었는데도요. 당시 쇼핑몰 임블리가 굉장히 핫했습니다. 스타일난다도 매각 직전이었죠. 저희 이스트엔드도 임블리처럼 하면 쇼핑몰로 매출 500억 원을 기록하고, 화장품 사업을 론칭하면 500억 원은 더 할 수 있을 것 같았습니다. 그래서 우리나라 디자이너 브랜드들을 다 모아놓은 쇼핑몰을 기획했습니다. 각 브랜드 사진을 띄워놓고 접속하게 해주되 광고를 붙이거나 수수료를 받으려고 했죠.

하지만 그 모델은 기존에 있는 모델이었고, 그해 투자받은 것의 절반을 날렸습니다. 그러고 나니 마음이 급해졌죠. 1억 원을 갖고 주식하다가 절반을 날린 사람이 마음 급해져서 작전주를 건드리는 것처럼요. 투자자들과 공감대 없이 개발팀도 꾸렸어요. 쇼핑몰부터 게임 업계 등에 있던 분들을 모아서 급하게 빨리 뭔가를 만들어서 보여주려고 했죠. 앞서 실패한 것과 비슷한 모델이었습니다.

석 달 넘게 개발해서 주주들 앞에서 보여줬는데, 투자자와 피투자자의 관계가 한순간에 나빠질 수 있겠구나 하는 것을 처음 느꼈습니다. '회수'라는 단어만 안 썼지, 이렇게 할 거면 돈을 돌려놓으라고 말하는 것같이 느껴졌습니다. 처음으로 주주들과 험악한 얼굴을 마주하며 주주총회가 끝났죠.

투자자들이 가장 실망했던 부분은 무엇이었나요?

이스트엔드의 비전은 회사명에도 담겨 있듯이 글로벌로 갈 수 있는 플랫폼을 만들겠다는 것이었는데, 그와 이율배반되는 플랫폼으로 서둘러 진행하려 했다는 점이었어요. "뭐 하는 거냐", "이스트엔드가 제일 잘하는 게 이거였냐"라는 지적부터 "기존 플랫폼이랑 경쟁할 수 있냐" 등의 비판을 받았죠.

이 투자자분들 중에는 아직 이뤄낸 게 많지 않은 저희 회사에 저란 사람만 보고 투자해 주신 분들도 계셨습니다. 저는 그간 사업 계획이나 진행 상황을 미리 혹은 실시간으로 공유해 왔는데, 서프라이즈처럼 개발팀을 꾸려서 무언가 할 수 있는 것처럼 보여주려던 모습에 실망한 분들도 있었죠. 투자자들 말처럼 내수 시장에서는 기존 플랫폼들이 위치를 잡아가고 있었고, 쇼핑몰을 더 늘리는 것은 국내 의류 생태계에 도움이 되지 않는 일이었습니다. 2018년에는 정말 회사가 망할 것 같다고 생각하던 시기였고, 그 여파로 2019년에는 외형적 성장을 거의 못 했습니다. 그때부터 완전히 초심으로 돌아가자고 하면서 모든 조직구성이나 모든 것들을 재정리하는 시간을 가졌습니다. 기자님을 처음 만난 건 회사가 가장 축소됐을 때였어요(나는 김 대표를 2019년 봄에 처음 만났다).

벤처캐피털의 투자는 어떤 조건으로 받고 언제까지 돌려줘야 하나요?

제가 투자받을 때 활용한 상환전환우선주RCPS: Redeemable Convertible Preference Shares는 회사에 이익 잉여금이 생기기 전까지 (투자자가) 현금으로 돌려받기 어렵습니다. 대표이사가 부정을 저지른 것이 아니라면, 이익 잉여금이 많이 생겨서 현금으로 돌려줄 수 있을 정도가 돼야 해요. 대신 투자자들이 우선주를 보통주로 전환할 수 있는 권리를 갖죠.

최근 우리나라에서 스타트업 투자는 80~90%가 RCPS로 이루어지고 있습니다. 스타트업 입장에서 가장 좋은 방식은 아닙니다. 스타트업 입장에선 보통주 투자가 제일 좋아요. 하지만 상장하지 않은 스타트업의 보통주인 경우 지분을 인수하려는 바이어가 나타나지 않는 이상 투자자가 팔 수 없어서, 투자자들은 RCPS를 선호합니다. 이익 잉여금이 발생하면 돌려받을 수 있으니까요. 그렇다고 계약기간이 무한정인 건 아닙니다. 보통 8년이면 만기가 되죠. 만기될 때까지 투자금 회수가 안 되면 벤처캐피털의 모태펀드에서 제한이 들어와요. 도의적으로 돌려줘야 하는 면도 있고요. 사실 보통 8년이면 회사가 성공하든 망하든 결과가 나오기 마련이죠.

투자를 받으면 당연히 좋고 사업을 지속할 수 있는 동력이 돼요. 하지만 한편으론 부담이 엄청납니다. 한 스타트업 대표는 "달리는 호랑이 위에 올라탄 기분"이라고 하더군요. 저희 이스트엔드의 총 누적투자금은 62억 5,000만 원(2020년 8월 기준)인데요. 2020년 7월 기준 현금으로만 15억 원 이상 있고, 현금성 자산 등을 포함하면 30억 원이 넘게 있습니다. 일반적으로 스타트업이 4년 동안 날릴 수 있는 돈이 어마어마한데 그거에 비하면 적게 쓴 편이에요.

매출이나 흑자전환 목표는 어떻게 되나요?

2020년에는 결제 매출 100억 원, 영업이익 2억 원을 기록했습니다. 2022년 매출 1,000억 원 달성이 목표예요. 앞으로 2년 후에 주간사를 선정하고, 이듬해 상장하는 것도 목표입니다. 지금까지의 속도에 비하면 매우 빠른 계획이죠. 이스트엔드의 2021~2022년 자료를 가지고 상장할 수 있게 해야 하기 때문입니다. 막상 창업한 지 7년 안에 상장하는 회사는 그렇게 많지 않아요.

주식공개상장IPO도 중요한 목표지만 더 나아가선 한국이 아닌 외국계 회사에 인수합병M&A되는 옵션도 생각하게 됩니다. 특히, 인터넷 비즈니스를 하는 기업에요. 100세 시대인 만큼 개인적으로 글로벌 인터넷 비즈니스 기업에 들어가서 한 번 더 생태계를 경험해서 점을 찍어야 다른 비즈니스를 할 수 있을 것 같습니다.

저와 함께 일하는 직원들에게는 M&A가 좋을 수도 있습니다. 물론 대표로서 많은 돈을 벌어서 직원들의 소득을 높이는 데 주력하겠지만, 이것만으론 그들이 인생을 편하게 살지 못할 수도 있으니까요. 직원들도 모두 젊은 만큼 외국계를 경험해 봐야 무대가 달라지면서 레벨업 할 수 있을 거라고 생각합니다. 회사가 상장하면 투자자와 대표만 행복할 수 있기 때문에 글로벌 기업에 인수합병 되는 것이 모두가 행복해지는 방법일 수도 있다는 생각을 종종 합니다.

딜리버리히어로Delivery Hero에 인수된 우아한형제들(배달의민족 운영사)이 떠오르네요. 이 같은 결정에 대해서 평가가 엇갈리기도 하던데, 어떻게 생각하시나요?

제가 정치인이라면 어떤 프레임을 씌우겠지만, 사업가로서 우아한형제들 김봉진 대표의 선택은 현명한 것 같습니다. 기업의 첫 번째 목적은 생존입니다. 미국식 자본주의와 리더십을 찬양하는 건 아니지만, 자본주의의 제1원칙인 자유경쟁과 자본의 힘을 배제할 순 없어요. 우리나라는 여전히 선비사상이 남아 있어서 기업을 경영할 때도 양보하고 배려해야 한다고 생각하는 경향이 있어요. 하지만 글로벌에서 만나는 수많은 기업들은 그렇지 않습니다. 좋은 기회인데 어떤 도리 때문에 포기한다? 상식적이지 않은 행동인 거죠. 김봉진 대표의 선택으로 투자자와 임직원, 소비자들까지 모두 윈윈할 수 있는 결과를 냈다고 생각합니다.

일각에서 한국 기업을 외국에 넘겼다고 비난하는데 이건 아닌 것 같습니다. 유튜버 중에 400만 팔로어가 넘는 유명한 분이 "나는 외국계 자본을 벌어온다"라고 말하더군요. 굉장히 놀랐어요. 그분은 달러로 돈을 받고, 구글과 유튜브의 모기업이 알파벳Alphabet이니까 외국계 자본을 번다고 표현하신 것 같아요. 그런데 사실은 기업만 외국계인 거지, 그분이 돈을 버는 건 여기에 참여한 국내 자본들의 광고 덕분이에요. 오히려 구글은 수수료만 30%가량 떼어가는 방식이죠.

외국 자본이 투입됐다고 해서 외국 회사로 보는 시기는 지났습니다. 외국 자본이 투입됐더라도 한국 기업이나 한국 사람들 아니면 할 수 없는 비즈니스를 만드는 게 진짜 한국적인 거라고 생각합니다. 딜리버리히어로 자본이 배달의민족에 들어왔지만, 배민은 한국에서 비즈니스를 하는 로컬라이즈 사업 방식을 유지하고 이에 따른 혜택도 국내 소상공인과 소비자 모두가 누릴 수 있어요. 경쟁에서 살아남고 승리해야 하는 기업가 입장에서 볼 때 김봉진 대표는 절반 이상은 맞는 결정을 했다고 생각합니다. 이스트엔드의 경우도 마찬가지예요. 한국만의 트렌디한 패션으로 글로벌에서 성장하는데 외국계 자본이 투입됐다고 가정해 보죠. 그렇다고 해서 이스트엔드가 창출하는 고용 효과가 줄어들까요? 아니면 국내 의류 생태계에 기여하는 역할이 줄어들까요? 단순히 한국 기업이니 한국 자본이 투입돼야 한다고 생각하면 기회를 놓치기 십상입니다. 투자자들이 빠져나가고 기업이 모래성처럼 무너지면 무슨 의미가 있을까요? 기업가라면, 회사라면 끊임없이 성장할 방법을 찾는 수밖에 없는 것 같습니다. 저희는 결국 자전거에 올라타 페달을 밟는 사람들입니다.

내가 김동진 대표를 처음 만난 건 2019년 5월에 쓴 〈광저우에 밀린 'K패션 메카' 동대문〉이란 기사를 취재할 때다. 장사가 되지 않아 매장을 정리한 도소매업자가 늘면서 동대문 일대 3만 개 점포 중 5,000여 개의 공실이 생겼음을 알린 기사였다. 당시 김 대표는 그 누구보다 적극적으로 취재를 도와줬고, 한국 패션 생태계에 깊은 관심과 이해를 갖고 있었다. 그에 따르면 동대문 패션 클러스터는 중국 패션산업의 성장, 온라인 쇼핑몰 증가, 인건비 상승 등으로 빠르게 붕괴하고 있었다. 적어도 패션과 관련된 일을 찾는 독자라면 K패션의 현황과 전망에 대한 그의 의견을 들어볼 만하다고 생각한다.

당시 동대문 패션 클러스터가 무너지면서 K패션의 독창성이 사라지고 있어 안타깝다고 하셨는데, 지금은 어떤 상황인 건가요?

지금은 코로나19 때문에 해외를 찾기 어렵지만 한창때는 한 달에 나흘은 중국 광저우廣州를 찾았습니다. 옷 디자인과 생산을 위해 아예 현지에 사무실을 차렸거든요. 현지에서 디자이너가 옷을 만들면 모델 피팅을 거쳐서 중국 내 생산 공장에 발주를 넣는데, 옷을 100벌 이상 발주하면 관세 및 부가세를 감안해도 한국보다 30% 이상 생산원가가 낮습니다.
단순히 생산원가를 낮추기 위해 중국에 사무실을 차린 것만은 아닙니다. 중국 사업 환경이 여러모로 나았기 때문이에요. 대량 생산, 대량 소비가 원활히 이뤄지므로 이에 고무된 디자이너들이 더 많은 신규 아이템을 내놓습니다. 또 미국 시장으로 수출하려는 중국 사업자가 많아 중간 유통자로서 새로운 비즈니스 기회도 가질 수 있죠.
사실 이미 동대문에서 판매하는 도소매 옷의 절반 이상은 '메이드 인 차이나'입니다. 'K패션의 메카'라지만 더 이상 과거 K패션을 상징하던 독창성은 찾아보기 힘들어요. 대부분 쇼핑몰들에서는 동대문에서 옷을 떼다가 판매했는데, 이젠 아예 중국에서 직접 옷을 사와서 판매하는 이들이 급격히 늘었습니다. 디자인이나 퀄리티에 차이가 없고, 가격이 더 싸기 때문이죠. 중국인 보따리상이 동대문에 와서 옷을 사간다는 건 옛말이고 이젠 중국을 찾는 '한국인 보따리상'이 더 많아졌습니다.

이 같은 상황의 원인은 여러 가지지만 특히 온라인 쇼핑몰들이 벌인 '초저가 경쟁' 탓이 큽니다. 원단이나 바느질 수준, 디자인 독창성보다는 어떻게 하면 더 싸게 팔지, 더 눈에 띄게 만들지에 몰두했죠. 물론 여기엔 포털사이트의 가격 비교 서비스 영향도 컸어요. PC나 스마트폰에서 가격으로만 비교해서 옷을 보여주기 때문에 쇼핑몰끼리 저가 출혈 경쟁을 벌이게 됐습니다. 국내에서 생산하더라도 판매자들이 옷 가격을 낮추기 위해 원부자재와 봉제 등 가장 밑단의 원가를 줄이려 해요. 생태계 구성원들 모두의 살을 깎아 먹는 치킨게임[5]이 이어지는 겁니다.

김 대표님은 과거 인터뷰에서 벤처캐피털VC 투자가 의류제조보다는 의류판매 플랫폼으로 집중되는 점에 대해서 안타까움을 드러낸 적도 있는데요. 어떤 이유에서인가요?

의류판매 플랫폼이 나쁘다 혹은 플랫폼에 투자가 집중되는 게 옳지 않다는 얘기는 아닙니다. 과거 플랫폼이 없던 시절에는 광고 수단이 제한적이었고, 유튜브도 활성화되지 않았습니다. 국내의 경우 디자이너 브랜드들에게 노출의 기회를 주고 트래픽을 늘려준 게 무신사였죠. 당시 이런 플랫폼의 역할이 컸습니다. 무신사에서 성장한 사람도 있고, 이 같은 성공 사례를 보면서 꿈을 키운 디자이너들도 많습니다. 다만, 저는 무신사

5 치킨게임(Chicken game): 어느 한쪽이 양보하지 않으면 양쪽이 모두 죽는 극단적인 게임 이론.

를 필두로 다른 많은 플랫폼이 존재하는 와중에 유사한 플랫폼, 또 다른 쇼핑몰이 생기는 것에는 회의적입니다. 기존에 무신사가 하고 있는 것과는 다른 새로운 가치와 경험을 소비자에게 전달해야 하는데 그렇지 않기 때문입니다. 새로운 사업을 하겠다면서 무신사의 입점 브랜드를 똑같이 유치하는 것은 고객에게도, 시장 측면에서도 좋은 일은 아닐 겁니다.

일각에서는 이 같은 행태가 반복되는 걸 알면서도 전혀 새롭지 않은 플랫폼과 쇼핑몰에 지속적으로 투자하고 있습니다. "무신사를 넘어설 수 없지 않나요?", "이미 그 시장에서 새로울 게 없지 않나요?"라고 질문하면서도 말이죠. 아마도 온라인 의류시장은 계속 커질 것이란 막연한 기대감 때문일 수도 있을 겁니다. 실제로 오프라인 의류시장은 최근 5년간 연간 성장률 1%로 정체 중이지만 온라인 의류시장은 연간 18% 성장하고 있습니다. 하지만 성장률만 봐서는 안 돼요. 유사 플랫폼과 쇼핑몰이 많아질수록 시장의 파이는 계속해서 쪼개집니다. 플랫폼이 늘어날수록 대형 셀러들이 늘어나요. 이들은 동대문 옷을 대량으로 떼다 파는 대신 동대문의 샘플만 하나씩 사서 완전히 똑같은 옷을 만듭니다. 옷은 원단이나 패턴, 디자인을 약간만 다르게 해도 저작권 보호를 받기 힘들다는 점을 악용하는 거죠. 옷을 1개 특허 출원하려면 수백만 원이 드는데 이런 옷을 평생 팔 게 아니니 특허 등록을 안 하는 게 일반적입니다.

한 패션 대기업에서 저희 자체 디자인을 카피한 적이 있었습니다. 황당하고 화가 나는데 방어할 수단이 없더군요. 게다가 저희 제품보다 가격을 3분의 1로 낮춰서 팔았습니다. 해당 의류를 저희한테 구입하신 고객분이 "조치를 취해야 하는 것 아니냐"고 하는데 방법이 없었습니다. 온라인 쇼핑몰이 늘어나면서 이와 비슷한 사례가 셀 수 없이 많아요. 국내의 많은 디자인 인력들이 독창성을 인정받지 못하는 시대가 된 겁니다. 튼튼하고 오래 입을 수 있는 옷을 만드는 제조 시스템도 의미가 퇴색했죠.

이런 가운데 쇼핑몰은 어떻게 성장해야 할까요? 자본의 힘 없이는 불가능합니다. 대규모 자본이 밀어주는 쇼핑몰은 끊임없이 광고를 하고 싼 값에 옷을 처분하면서 다른 모든 쇼핑몰들을 죽일 때까지 멈출 수 없어요. 독점할 때까지는 적자를 벗어날 수 없는 시장 구조거든요. 해당 쇼핑몰이 절대적인 일인자가 될 때쯤이면 동대문 업체들은 완전히 다 사라져 있을 겁니다. 한국적인 패션 색채도 잃게 될 것이고, 국내 제조·공급망도 모두 망가질 거예요.

이번에 코로나19 사태로 더욱 실감했는데 생존을 위협하는 사안에 대해선 국수주의와 로컬주의가 더욱 심해질 겁니다. 생활 필수품인 옷을 중국이나 베트남에서 비싼 값을 지불하고 울며 겨자 먹기로 사오게 될 수도 있어요. 국내 패션 산업에 대한 정부나 투자자들의 관심이 너무나도 부족합니다. 특히 4차 산업혁명 시대라고 해서 다들 콘텐츠, 빅데이터, 디지털 신사업, 바이오 이런 것들만 핫하고 유망한 것들로 생각하는 경향이 짙어져 안타깝습니다. 국내 패션산업은 여전히 40조 원이 넘는 규모의 초대형 산업군이에요. 동대문 시장 관련 종사자 수만 20만 명이 넘습니다. 이미 현실에 존재하는 디자인·제조·생산 역량을 활용해 고부가가치 상품을 만들 것인지, 단순히 뜬구름 잡는 미래 먹거리만 찾고 있을지 현실적이고 현명한 선택을 하는 분들이 많아졌으면 좋겠습니다.

김동진 이스트엔드 대표의 'Weird point'와 '어록'

#K패션 #플랫폼 #브랜딩 #이커머스 #M&A #위탁생산 #풀필먼트
#로즐리 #시티브리즈

"브랜드 파워가 플랫폼 파워를 높이고
다시 플랫폼이 입점 브랜드에 힘을 실어준다"

∘

"오목이 아니라 바둑을 둬야 한다.
남들이 의아해해도 본인이 원하는 그림을 그려야 한다"

∘

"K뮤비, K팝 인기로 K패션 선보일 공간 많아졌다.
한국의 높은 제조기술력 활용해야"

3

안겨레, 고용성 투캉프로젝트 대표

1991년생 동갑내기로 경기 동두천에서 같은 중고등학교를 나와 강원 춘천의 한림대학교까지 함께 진학한 '절친'이다. 게임 제작 경험이 없는 문과생이지만 모바일게임 '한국사 RPG – 난세의 영웅'을 만들어 업계에 신선한 충격을 주고 있다.

문돌이가 만든 한국사 게임 '난세의 영웅',

2020년 7월, 대략 2년 5개월 만에 다시 만난 안겨레(1991년생, 당시 30세) 투캉 공동대표는 단단해져 있었다. 성공과 실패를 연달아 경험하고 다시 일어난 이들에게서 느낄 수 있는 비장함이랄까. 28세 때 엿보이던 풋풋함은 많이 사라진 분위기였다. 다시 만난 지 한 시간쯤 되자 긴장이 풀렸는지 다시 해맑은 웃음을 보였다.

안 대표는 인터뷰를 위해 강원 춘천 사무실에서 서울 광화문까지 찾아와줬다. 그가 동갑내기 친구인 고용성 공동대표와 함께 개발해 2018년 내놨던 모바일 게임인 '난세의 영웅'의 재론칭을 앞두고 매우 바쁜 시기였는데도 말이다. 그들이 2년 넘게 준비한 게임의 재론칭에 대한 기대감과 무게감을 동시에 알 수 있는 대목이었다.

안 대표와 고 대표는 2018년 게임업계에서 단연 화제의 인물들이었다. 그들이 론칭한 모바일 게임 '난세의 영웅'이 한 달 만에 구글플레

안겨레(왼쪽), 고용성 투칸 공동 대표

이 Google Play '교육'과 '어드벤처' 부문 게임 1위에 올랐기 때문이다. 특히 한국사를 주제로 한 역할수행게임(RPG, 롤플레잉게임)이라는 점, 이들이 법학과 경영학을 전공한 '문과생'이라는 점은 위어드 Weird 한 것을 좋아하는 언론의 관심을 받았다. 구글플레이에서 게임 다운로드 수가 10만 회를 넘어서면서 수익도 쏠쏠했다고 한다. 약 2년간 준비한 노력이 빛을 발하며 인생의 탄탄대로가 펼쳐지는 듯한 순간이었다.

나는 이즈음에 두 대표를 처음 만났는데, 그때는 이미 문제도 늘어나고 있었다. 급증하는 이용자를 감당하지 못해 게임에서 오류가 많아졌던 것이다. 당시 두 대표는 기본 시스템은 그대로 둔 채 오류만 바로잡는 '땜질'을 해나가며 게임을 유지해야 할지 고민하고 있었다.

그들은 결국 게임 서비스 제공을 완전히 중단하기로 결단했다. 처음부터 다시 만들어서 선보이기로 한 것이다. 그래서 이들의 인터뷰를 당시 다루지 못했는데, 공교롭게도 이번 책 준비 시기와 게임 재론칭 시기가 맞아떨어지게 됐다. 나 역시 《문송하지 않아도 괜찮아(문과라서 죄송하지 않아도 괜찮아)》라는 책을 기획하며 이들을 만났다가 책 준비를 중단했던 경험이 있었다.

개인적인 인연을 떠나서 이들은 분명 이 책의 주제인 'The Weird'로 소개할 만한 인물들이다. 문과 출신이 게임을 만들겠다는 생각을 한데다 '한국사'를 주제로 공부도 하고 오락도 할 수 있는 독특한 경험을 제공하기 때문이다. 결과적으로 그들은 대형 게임 제작사의 콘텐츠들이 시장을 장악한 상황에서 매우 예리한 각을 세워 도드라진 결과물을 내놓았다. 좋아하는 것을 사업화하다 보니 남들은 따라 하기 힘든 경

'난세의 영웅' 게임 대표 일러스트와 게임 장면들. 고전 RPG에 어울리는 아기자기한 캐릭터를 살리면서도 높은 퀄리티의 그래픽을 적용했다.

쟁력과 개성을 갖추게 된 것이다. 2020년 12월 기준 '난세의 영웅'은 7월 재론칭 이후 구글플레이에서 9만 회 이상(여러 번 다운 받더라도 계정 1개당 1회로 기록되는 만큼 9만 명 이상이 이용하고 있다는 의미)의 다운로드 수를 기록했고, 4.8점의 평점, 1,000개 이상의 리뷰를 기록하고 있다.

'난세의 영웅'은 한국사를 선사 시대부터 광복 이후까지 다루는 게임이다. 3명의 공대생이 특별한 시계를 개발하는 도중에 우연히 '타임 머신'을 개발하게 되고, 실수로 선사 시대에 떨어지며 게임이 시작된다. 이들은 과거에 적응하고 살아남아 미래로 돌아가기 위한 여정을 시작한다. 이 과정에서 갖가지 역사적 사건과 인물들을 만난다.

게임 시나리오는 ◆1장 선사시대편, ◆2장 삼국시대편, ◆3장 남북국시대편, ◆4장 고려전기편, ◆5장 고려후기편, ◆6장 조선전기편, ◆7장 조선후기편, ◆8장 개화기편, ◆9장 일제강점기편, ◆10장 대한민국편으로 구성된다. 6장까지 출시됐으며, 2021년 상반기 7장이 출시될 예정이다.

3명의 공대생은 조금씩 미래로 돌아갈 수 있는 시계의 충전 시간을 기다리며 사냥을 하거나 신세를 지기도 하고, 다양한 역사적 사건·사고에 휘말리게 된다. 그러면서 새로운 동료들을 만나기도 하고 누군가와 싸우기도 하며 성장해 나간다. 한국사란 거대한 역사적 흐름 속에 각각의 주인공들이 능력치를 높여나가는 게임이다.

두 대표는 게임을 즐기면서 실제로 한국사 지식을 쌓고 한국사 성적을 높일 수 있도록 구성했다. 게임을 만들 때 수능, 한국사 능력 검정시험 등의 10년치 분량 문제 중에서 출제율이 높은 내용들을 뽑아 메인 스토리를 구성한 것이다.

이용자(플레이어)는 '난세의 영웅' 게임을 즐기면서 다양한 전투를 하거나, 퀴즈를 풀거나, 특정 NPC[1]에게 말을 걸어야 하는데, 이 과정에서 자연스럽게 한국사 지식을 얻게 된다. 시나리오를 쓴 안 대표는 게임에 나오는 역사적 사실의 고증을 위해 게임인재단, 민족문제연구소 등과 협업했다. 안 대표 스스로도 한국사 능력 검정 1급 자격증을 획득한 이후에도 꾸준히 시험을 보고 유명 한국사 강의를 찾아 들으며 내공을 쌓고 있다.

안 대표는 '난세의 영웅' 게임을 충분히 즐기면 한국사의 전체적인 흐름을 잡는 데 매우 도움이 된다고 자신한다. 그는 "'게임은 질병'이라는 주장에 한 방 먹일 수 있도록 다양한 역사적 인물과 사건들을 직접 경험하도록 구성했다"라며 "한국사를 모르는 분은 쉽게 '상식'을 알 수 있고, 한국사를 필요로 하는 분은 쉽게 '예습'할 수 있고, 한국사를 공부했던 분은 쉽게 '복습'할 수 있는 게임"이라고 설명했다.

그렇다고 공부만 하는 지루한 게임이 아니라는 게 안 대표의 설명이다. 지금까지 주야장천 퀴즈만 푸는 형식의 한국사 게임이 많았는데, 이런 종류의 게임이 하나같이 소비자로부터 외면받으며 실패한 사례를 참고했다.

1 NPC(Non-Player Character): 플레이어에게 다양한 콘텐츠를 제공하는 도우미 캐릭터.

'난세의 영웅'에선 구석기 시대에 주먹도끼를 장착해서 싸우고, 신석기에는 돌낫을 쓰는 식으로 아이템을 업그레이드할 수 있다. 일반적인 RPG가 그렇듯, 각 플레이어는 전투 등을 통해 얻은 재화와 아이템으로 능력치를 높인다. 공격력과 방어력을 키우고, 전투 중에 힐링포인트HP: Healing Point와 마인드포인트MP: Mind Point를 관리하며 느끼는 긴장감은 게임의 재미를 높여준다. 시나리오에 메인 미션, 서브 미션을 마련했고, 돌 밀기, 투사체 피하기, 소코반(상자를 정해진 위치에 밀어넣는 게임) 등 다양한 미니 게임도 준비했다.

레트로 느낌의 픽셀 그래픽을 사용해 '바람의 나라'와 같은 고전 RPG 게임의 향수를 느낄 수 있게 한 것도 특징이다. 단순하지만 아기자기한 캐릭터들은 친근감을 유발하며, 다양한 모습의 적 캐릭터들은 매순간 신선한 경험을 제공한다. 1,000개가 넘는 배경과 다양한 특색을 가진 고퀄리티의 지도들은 모험심을 자극한다. 각 역사적 사건에 어울리는 배경음악을 깔았고, 각 장의 엔딩 부분에는 '대한민국 국민'이 저작권자로 돼 있는 '신문희-아름다운 나라' 노래를 넣어 한국사 RPG 게임의 감성을 극대화했다. 캐릭터 정보와 스킬, 메뉴 등을 볼 수 있는 화면도 나무 목판에 종이가 박힌 표지판 형태로 만들어 과거를 체험하는 분위기를 한껏 살렸다.

1 : 프로그래밍은 1도 모르던 문돌이, 게임 개발에 뛰어들다

안 대표와 고 대표는 경기 동두천에서 같은 중·고등학교를 나와 대학까지 강원 춘천의 한림대학교로 함께 진학했다. 현재 각각 법학과와 경영학과 4학년으로 재학 중인 문과생들이다. 게임 프로그래밍 경험은 거의 없었다. 중학교 때 친구들 사이에서 유행하던 간단한 'RPG 만들기 툴'을 사용해본 정도였다(일명 '쯔꾸르 게임'으로 불리며 프로그래밍 지식이 없어도 단순한 게임을 만들 수 있다고 한다). 게임 기획이나 디자인, 마케팅 등의 경험 역시 있을 리 만무했다.

이런 그들이 게임을 개발하게 된 것은 온전히 한국사에 대한 안 대표의 열정 때문이었다. 어려서부터 한국사를 재밌게 공부했던 안 대표는 한국사를 주제로 게임을 하면서 공부도 할 수 있는 모바일 게임을 개발하고 싶다고 생각했다. 이에 친구인 고 대표에게 연락했고, 경남 창원의 한 식당에서 창업을 준비하던 고 대표는 한걸음에 달려왔다. 두 사람은 동두천의 친구 집 2층에 방을 얻어 숙식하면서 2016년 4월부터 게임 제작에 몰두했다.

법학과 학생인데 역사에 관심을 많이 갖게 된 이유가 무엇인가요?

고등학교 때 검찰직 공무원이 되고 싶었습니다. 그러다 보니 시험 과목 중에 한국사가 무조건 끼어 있어서 한국사를 억지로라도 공부하겠구나 생각했죠. 처음에는 한국사가 절대적인 암기 과목이라고 생각했습니다. 연도든 뭐든 다 외워야 하니까요. 그런데 공부를 하다 보니 이게 암기 과목이 아니더군요. 암기보다는 이해가 더 필요한 과목이었습니다.

검찰직 공무원 시험의 한국사 난이도는 고등학교 때보다 더 높으니 군대에서부터 한국사 능력 검정시험을 준비했습니다. 한국사를 공부하면서 어느 순간 가슴이 뜨거워졌어요. 그동안 공부했던 다른 과목과 다르게 희열이 느껴졌고 더욱 깊게 공부하고 싶었습니다. 이런 생각을 하게 된 건 한국사 공부 방식을 잘 잡은 영향도 있었던 것 같습니다. 과거엔 '청동기-고인돌-비파형 동검-쌀' 이런 식으로 외웠는데 휘발성이 강해서 잘 잊어버렸어요.

갈수록 개념을 연계해서 이해하려고 해봤습니다. 청동기를 예로 들면 시험에 나오는 단어만 외우는 게 아니라 논리를 더해 상상해봤어요. '청동기 때 쌀농사가 시작된다→그전과 다르게 쌀이 있으면 저장해야 한다→잉여생산물이 많아지면서 재산이 생기고 빈부격차가 커진다→계급사회가 시작되면서 지위를 뽐낸다→고인돌을 세우고 더욱 많은 부를 갖기 위해 전쟁을 하게 된다.' 이런 식으로 한국사 전체를 이해하면서 재미를 느꼈어요.

게임 이름을 '난세의 영웅'이라고 지은 것도 역사를 공부하며 알게 된 '인간의 본성' 때문입니다. 역사를 공부하면 할수록 인간은 매우 이기적인 존재라고 생각하게 됐는데, 저는 자신의 몸을 바쳐 나라를 지킨 '난세의 영웅'들이 매우 독특한 유전자를 가졌다고 생각했습니다. 이순신 장군을 비롯해 일제강점기 독립투사들이 대표적이죠. 일제강점기 때 조선에서 최고 부자였던 이회영 선생은 전 재산을 쏟아부어 중국 만주에 군사시설을 지었습니다. 마지막 순간에는 굶어 돌아가셨죠. 이런 분들을 생각하면 울컥하는 느낌이 있었어요.

역사를 소재로 게임을 만들어 보겠다는 생각은 어떻게 하게 됐나요?

중·고등학교 때 공부를 거의 안 했습니다. 별의별 게임을 다 해보고, 간단한 게임도 만들어 봤죠. 당시 프로그래밍 지식이 없어도 게임을 만들 수 있는 툴이 있었고, 이걸 공유하며 노는 게 아이들 사이에서 유행했거든요. 검찰직 공무원을 준비하면서 정말 다양한 한국사 선생님들로부터 각각의 암기법이나 공부방법 등을 배웠습니다. 평소 다른 사람들도 한국사를 잘 알면 좋겠다는 생각이 있었는데 제가 배운 공부법을 쉽게 전달하면 좋겠다고 생각했어요. 평소 책을 많이 읽었고 글 쓰는 것도 좋아하니 시나리오 작업을 해볼 수 있겠다 싶었습니다. 그래서 고 대표에게 전화를 해서 예전에 간단한 게임을 만들었던 엔진으로 해보자고 했어요. 고 대표와 의견이 맞아서 검찰직 공무원 시험을 중단하고 게임 개발을 시작했습니다.

한국사를 재밌게 외우거나 이해하는 방법은 다양해요. 예를 들어 고구려 장수왕이 넓힌 영토의 경계선이 죽령에서 남양만인데, 여기 죽령의 '죽'과 남양만의 '남' 자를 따서 '장수왕은 언제 죽남' 이런 식으로 외우는 방법이 있어요. '난세의 영웅' 게임 안에서 만날 수 있는 NPC들이 "고구려 시대, 장수왕 시대, 장수왕은 언제 죽남" 하면서 포인트를 짚어주기도 해요. 갑자사화의 경우 연산군이 어머님의 원수를 갚는다고 해서 '갑자사화', 무오사화는 세조의 왕위 찬탈을 비난하는 김종직의 조의제문을 보고 연산군이 분노해 '무오사화'라고 했다고 외우는 식이죠.

어릴 때 재밌게 했던 건 기억에 남습니다. "들은 것은 잊고, 본 것은 기억하고, 해본 것은 이해한다"라는 공자님 말씀도 있듯이, 게임을 하면서 한국사를 공부하면 휘발성이 적을 것 같았어요. 역사 전부를 외우진 못 해도 흐름을 이해하는 데 도움이 될 것이라고 봤습니다. 퀴즈의 답만 푸는 기존의 한국사 게임과 달리 경쟁력이 있다고 생각했죠. 게임을 출시한 후 이용자분들이 "흐름을 잡는 데 최고다", "평생 기억할 수 있을 것 같다"라고 해주니 당초 취지에 맞게 잘 개발한 것 같습니다.

'난세의 영웅'의 경쟁력은 첫 번째로 확고한 마니아층을 형성하는 게임이라는 점이에요. 최근 모바일 게임은 방치형 게임이 대세를 이룹니다. 그냥 두면 알아서 크거나 싸우거나 하는 식이죠. 저는 방치형 게임은 개인적으로 좋아하지 않고 탐험할 수 있는 어드벤처형 게임을 좋아해요. 국내 모바일 게임에서 어드벤처형 게임은 찾기 힘든데 특히나 한국사를 주제로 한 것은 없죠. 어드벤처형을 좋아하는 사람이라면 '난세의 영웅'을 알고 나서 끝까지 하게 될 것으로 생각했어요. 한국사를 싫어하더라도 말이죠. 대세를 이루는 방치형 게임에 싫증이 난 사람들도 많아진 만큼 저의 게임을 좋아하는 사람이 더 많아질 것이라고 봤습니다.

두 번째 경쟁력은 재미예요. 검찰직 공무원을 준비하다 보면 공부를 하도 많이 하니까 차라리 벽을 보는 게 더 재밌을 때가 있었습니다. 공무원 시험 준비를 노량진에서 해봤는데, 사견입니다만 수험생의 90%가 놀더라고요. 10%만 공부하려는 사람이었죠. 노는 이유는 공부하기 싫어서였어요. 일부 노량진 수험생들은 점점 정치에 빠져들어요. 처음에는 정치에 관심이 없던 친구들도 사회 이슈를 알아야 한다는 핑계로 정치 이야기에 몰두하죠. 또 다양한 애플리케이션을 다운받아서 놀아요. 그런데 이 같은 앱 중에서도 게임은 또 죄책감이 심하게 든다며 주저하죠.

저는 여기서 포인트를 얻었어요. 한국사 RPG가 있는데 이걸로 게임만 하는 게 아니라 공부도 할 수 있다고 생각하면 많은 이들이 관심을 둘 것 같았어요. 공무원 준비생뿐만 아니라 다른 수험생들도 똑같은 마음일 겁니다. 고등학교 내신을 준비하는 학생들이 '난세의 영웅'을 통해 한국사 성적에 도움을 받았다는 말이 퍼지면 더 많은 유저들이 몰릴 것이라고 봤습니다. 한국사능력검정시험을 준비하는 분들도 '난세의 영웅'으로 흐름을 잡기 좋다는 입소문이 돌기를 희망했죠.

게임 이용자 분석을 해봤는데 여성 비율이 50%나 됐습니다. 게임 주인공이 남자 캐릭터인 영향도 있고, 아기자기한 게임 요소가 여성 이용자에게 어필한 것 같습니다. 남성 이용자가 더 많이 좋아할 것 같았는데 예상과 달랐어요. 남녀노소 다 좋아할 수 있는 게임이라고는 물론 생각했지만요.

'난세의 영웅' 시대별 구분과 캐릭터 개성이 드러나는 이미지. 2021년 상반기 '조선후기' 편이 출시될 예정이다.

문과생이 어떻게 게임을 만들 수 있는지 궁금합니다. 게임 만드는 과정을 소개해 주시겠어요? 시나리오 쓰기부터 기술적인 부분까지요.

어드벤처 스토리형 방식이라서 먼저 대본을 써야 합니다. A4용지 300장 분량의 대본을 썼죠. 우선 브레인스토밍을 하듯이 막 씁니다. 이어서 한국사 강사분들과 교수님들에게 검증을 받습니다. 쓰고 고증해서 줄이는 작업의 반복이죠. 문장이 세 줄 넘는 것은 어떻게든 두 줄로 바꿔서 이해하기 쉽게 해요. 직접 게임을 한다고 상상하면서 어색한 내용도 고치고, 맞춤법도 잘 지킵니다. 이게 대본 작업에 해당하죠.

게임 개발은 주로 고 대표가 하는데 지도를 그릴 수 있는 도구를 활용해요. 집 안에 가구를 배치하듯이 지도의 전체적인 틀을 짜고 주인공 캐릭터와 NPC들을 배치하죠. 물론 주인공 캐릭터와 NPC들을 개발하는 과정은 별도예요. 지도 작업이 어느 정도 마무리되면 이벤트를 집어넣습니다. 주인공이 어디서부터 어디까지 이동하면서 어떤 미션을 만나고 어떤 대사가 나오는지를 짜죠. 대기시간은 몇 초로 할 건지, 주인공이 몇 걸음을 걸으면 NPC를 만나는지, 이동 속도는 어떻게 할 건지 등을 정해요.

이런 작업이 끝나면 전투 장면을 만듭니다. 전투는 어디에서 일어날지 정하면 되는데, 전투에서는 밸런스 조절이 중요합니다. 적이 너무 약해서도 안 되고 반대로 너무 강해서도 안 되죠. 게임자의 레벨에 맞춰서 경험치를 얼마나 줘야 하는지도 고민해야 합니다.

게임이 어느 정도 구색을 갖추면 계속해서 테스트를 해봐야 해요. 버그bug를 찾고 마음에 들지 않는 것들을 고치는 작업을 반복합니다. 물론 게임을 모바일용으로 만들기 위한 작업도 병행해야 하고요.

저희 같은 게임의 종류를 인디[2] 게임이라고 하는데 인디 게임을 좋아하는 사람들이 꽤 많습니다. 상업성이 떨어지더라도 독창적이고 새로운 시도를 하는 것에 소비자들이 반응하는 거죠. 다만 인디 게임 개발 시 자본력과 인력이 부족하기 때문에 대형 제작사의 게임보다는 퀄리티가 낮은 한계가 있습니다. 대형 제작사는 1개의 게임을 개발할 때 개발자만 수십 명이 넘는데 저희는 모든 것을 2명이 해왔습니다.

---

2 인디(indie) : independent의 약자로 '독립적이며, 의존적이지 않은 것'을 뜻한다.

2 : 실패의 쓴맛 속 와신상담 2년을 거쳐 환골탈태하다

안 대표와 고 대표가 약 1년 8개월간 개발해 선보인 '난세의 영웅'은 선풍적 인기를 끌었다. 2018년 초 그들을 조명하는 기사가 쏟아졌고, 각종 게임 대전에서 수상하며 얻은 상금을 일본군 위안부 할머니께 기부해 더욱 유명세를 탔다. 동두천 작은 방에서 의기투합한 이들이 세상에 알려지며 각종 포털사이트에서 이름이 검색됐다. 행복함에 젖어 살던 시기였다.

하지만 행복은 잠시였다. 프로그래밍 지식 없이 중학교 때부터 다루던 간단한 게임 작업 도구를 활용한 것이 문제였다. 급증한 이용자 수를 감당하지 못하고 게임 중 갑자기 로그아웃되는 등 오류가 늘어났다. 구글의 안드로이드 운영체제에서만 작동하고 아이폰 iOS에서는 작동하지 않는 문제도 해결할 수 없었다. 저사양 스마트폰에서도 게임이 잘 돌아가지 않았다. 오류를 수정한다고 하더라도 대중화엔 한계가 있는 상황이었다.

2018년에 만났을 당시 두 대표는 게임을 통째로 다시 만들어야 할지 고민이라고 했는데, 결국 완벽하게 수정해서 다시 내놓기로 했다.

한국사 RPG라는 아이템 자체는 지속가능하다고 판단한 만큼 기존 콘셉트는 유지하되, 새로운 게임 개발 도구를 활용해 대대적으로 수정하기로 한 것이다.

재론칭을 준비하기까지 어떤 일들이 있었나요?

게임 재론칭을 준비하기 시작한 게 2018년 3월입니다. 그때 저희가 게임 첫 출시 2개월 만에 상도 받고 하다가 게임이 터져 버렸죠. 늘어난 이용자 수를 서버가 감당하지 못한 겁니다. 열심히 만들었는데 자식을 잃어버린 느낌이었어요. 그대로 포기하고 이것을 이력으로 삼아서 다른 일을 해볼까 고민했습니다. 3일 정도 고 대표랑 계속 이야기했어요. 결론은 30세까지는 계속 무모하게 살아보자는 거였습니다. 재개발해서 재론칭까지 1년이면 되지 않을까 싶었는데 2년이 넘게 걸렸네요.

'난세의 영웅' 개발을 이력으로 다른 곳에 지원할 수도 있었을 테니, 단순히 '무모하게 살아보자'라는 마음만은 아니었을 것 같습니다. 힘들었을 텐데 왜 포기하지 않았나요?

무모함보다는 사업성을 보고 계속한 게 맞는 것 같습니다. 중장기적으로 지속가능한 아이템이라고 생각했어요. 적어도 한국사 게임이라는 영역에서는 우리 게임이 독점했다고 생각했습니다. 역사는 꾸준히 지속될 거고 한국사를 필요로 하는 사람은 계속 있을 테니까요. 최종까지 만들

'난세의 영웅' 대표 캐릭터 일러스트

어 놓으면 관리하는 데 큰 노력이 필요한 게임이 아니라는 점도 컸습니다. 저는 과거에 다른 고전형 RPG 게임을 했는데, 가끔씩 생각나면 다시 하러 가고 그러거든요. '난세의 영웅'도 계속 찾는 사람이 있을 것 같았습니다. 개발이 다 끝난 뒤 몇 년이 흘러도 수익을 계속 가져다줄 것이라는 생각이 있었죠.

'난세의 영웅'은 다른 게임과 다릅니다. 다른 게임은 끝까지 다 하면 허무함이 있어요. 게임 '삼국지'의 경우 천하통일을 하면 3년 동안 내가 뭐 한 거지 싶은데, '난세의 영웅'은 끝나도 허무함이 덜하다는 느낌이 듭니다. 한국사 지식을 플러스알파로 얻게 되기 때문이죠.

그다음에 게임을 만들다 보니 느끼게 된 건데, 왜 다른 게임사들이나 스타트업이 이 분야에 도전하지 않는지도 알게 됐습니다. 작은 기업은 저희 같은 도전을 하기 어려워요. 기획이나 시나리오 작성 면에서 만들기가 어렵거든요. 다른 게임은 시나리오가 이 정도까지 필요 없는 경우가 많습니다. 그런데 '난세의 영웅'은 스토리텔링이 있어야 하니 글도 써야 하고 지도도 엄청나게 많아야 해요. 추가로 더 개발해야 하는 부분이 많아서 작은 회사들은 도전을 아예 안 합니다. 게임을 많이 만들어서 수익만 내면 된다고 생각하는 이들이 대부분이에요. 굳이 그렇게까지 힘들게 게임을 개발해야 하느냐고 얘기하는 사람들도 있고요.

대기업은 '난세의 영웅' 같은 게임이 큰 수익을 가져다주지 못한다고 봐서 하지 않는 것 같습니다. 가장 결정적으로 게임 개발자들 중에 한국사 지식을 갖고 있는 사람이 없기도 하고 한국사 쪽으로는 열정이 없어 보여요. '난세의 영웅'은 문과생이라서 만들 수 있는 게임이기도 했던 것 같습니다.

과거 인터뷰 때도 비슷한 얘기를 했던 게 기억납니다. 대형 회사는 전형적인 게임 개발 방식이 있고 아이템도 비슷하다는 거였죠. 대규모 전투라든지 이런 한정적 아이템을 선호해서 한국사는 잘 안 건드리는 것 같다는 얘기였는데, 이게 오히려 차별화 포인트가 된 것 같습니다. 처음부터 이것을 의도하고 하신 건가요, 아니면 역사를 좋아해서 시작한 게 맞아떨어진 건가요?

의도가 한 80%이고, 좋아해서 한 것이 20%였던 것 같습니다. 저는 사업성이 있다고 생각해서 진행했어요. 물론 장르가 마니아적이긴 해서 안 맞는 사람도 많지만, 막상 필요해서 하게 되면 굉장히 재밌어서 하는 분들이 많아요. 재론칭 후 하루에 100명씩은 들어오는데, 2018년에는 하루에 2,000명씩 들어왔습니다. 제대로 홍보를 시작하고 여러 매체에 알려지면, 옛날처럼 다시 잘되면서 탄탄하게 갈 수 있을 것 같습니다(최근 다시 하루 2,000명 수준으로 높아졌다고 한다).

저는 과거 '스타크래프트', '디아블로' 이런 게임을 미친 듯이 했지만 지금은 게임을 하지 않습니다. 2년 전 인터뷰 때도 그렇고 지금도 그렇고 게임 업계 판도가 어떻게 흘러가고 있나요?

모바일 시장은 방치형 게임이 대부분입니다. 현대 사회인들이 바쁘다 보니 사냥 피로도가 있는 게임을 그렇게 선호하지 않습니다. 그냥 켜놓고 가끔씩 눌러 놓기만 하면 캐릭터가 알아서 성장하는 게임이 모바일 시장에 정말 많습니다. 범람하는 수준이죠. 이쪽은 레드오션이라고 생각해요. PC게임 시장은 롤(LOL, 리그오브레전드)이 거의 꽉 잡고 있습니다.
반면 '난세의 영웅'은 만들기는 어렵지만 '빈집이 오히려 털기 쉽다'는 생각도 했습니다. '난세의 영웅' 같은 게임을 만드는 게 손해 아니냐고 하지만 잘 안 만드니까 이쪽에서 '짱을 먹으면' 독보적일 수 있다고 본 거죠.
저는 모바일용 게임을 고집하고 있는데, PC용으로 이 게임을 내면 딱히 메리트merit가 없다고 생각합니다. 저희 같은 장르가 고전형 RPG인데 PC용으로 내려고 했으면 재출시를 계획했을 때 3개월이면 만들어서 낼 수 있었어요. 모바일을 고집하는 건 저희 같은 게임이 모바일 시장에선 거의 없다시피 할 정도로 손꼽기 때문입니다. 거의 10개도 안 돼요. 특히, 저희는 한국사가 주제인 만큼 아예 없다고 봐도 됩니다. 한국사 게임이라고 하면 퀴즈 푸는 것밖에 없어요.

하지만 PC 시장에는 생각보다 비슷한 게임이 많아요. 시스템적으로 PC가 여전히 안정적이고 게임을 내기가 쉬워서죠. 모바일용으로 내려면 여러 가지를 신경 써야 합니다. 안드로이드 기종인지 아이폰 기종인지에 따라 작업해야 할 게 많아요. 화면 해상도도 많이 다르고 프로그래밍 언어도 많이 달라지죠.

저희 게임은 계속 붙들고 할 수도 있지만 자기 전, 또는 쉬는 날 누워서 스마트폰으로 즐길 수 있는 게 메리트라고 생각해요. 이런 장점을 잘 살려야 더 잘될 거라고 생각해서 접근성 측면에서 모바일을 유지하고 있습니다. 애플 iOS용은 2021년 상반기 출시 예정입니다. PC용은 딱히 생각하지 않고 있습니다.

모바일 게임 업계 현황이나 전망은 어떤가요? 앞으로도 문과 출신이 경쟁력을 발휘할 수 있는 분야라고 보시나요?

제가 '난세의 영웅'을 처음 개발할 때 쓴 엔진(게임을 구동하는데 필요한 핵심요소들을 담은 소프트웨어)은 누구나 쉽게 다룰 수 있는 정도의 것이었습니다. 그러니 누구라도 게임을 개발해서 앱으로 올릴 수 있는 셈이죠. 실제로 초등학생들도 게임을 만들어서 올리곤 합니다. 코딩도 요즘엔 그렇게까지 높은 수준의 지식이 없어도 돼요. 고퀄리티의 게임이 아니라면 말이죠. 문과생 누구나 게임 만드는 것에 도전해볼 만하다고 보는 이유입니다.

스마트폰 시장 전망은 굳이 얘기할 것도 없죠. 앞으로 더 무궁무진해질 것이니 모바일 게임만 잘 만들어 놓으면 평생 먹고살 만한 돈을 벌 수도 있다고 봐요. 명예도 생기고, 팬카페가 생기기도 합니다. 흥행이 안 되면 어때요. 만약에 돈을 못 벌어도 대형 게임 회사 지원 시 게임 개발 이력을 어필할 수 있습니다.

'인디터'라는 인디 게임 개발자 모임 카페가 있는데 여기 회원만 2만 명이 넘습니다. 이곳 말고도 1인 개발자들이 많아서 정확한 셈은 어렵지만 인디 게임 개발자가 5만 명은 되지 않을까 싶어요. '마녀의 샘', '샐리의 법칙', '돌 키우기' 등 인디 게임 업계에서 대박을 친 대표작들도 늘어나고 있습니다. 인디 게임 시장에 대기업들이 진출할까 우려스러운 점이 있긴 합니다만, 여전히 성장 가능성이 높은 시장이라고 봐요.

비슷한 게 없는 분야에서 '짱 먹는다'는 건 분명 좋은 생각입니다. 하지만 그 시장이 정말 작을 수도 있지 않을까요? 그리고 실제로 게임으로 한국사를 공부하려고 하는 사람이 얼마나 될까요? 이건 산술적으로 알 수 없을 것 같은데 어떻게 알아보셨나요? 그냥 해보자였나요?

공무원 시험을 준비할 때 느낀 건데요. 사람이라는 게 마냥 해이해지는 게 있더군요. 누워서 억지로 학습과 관련된 앱을 찾는 경우도 많았는데,

스스로 공부한다는 느낌을 받으며 자기 위로를 할 수 있는 한국사 게임이 있으면 할 것 같았습니다. 한국사는 휘발성이 강한 분야인데 직접 체험하면서 하니까 머릿속에 잘 들어올 수 있다고 봤죠. 이런 장점을 생각했을 때 괜찮다고 생각해서 출시하게 됐습니다.

페이스북에서 '난세의 영웅' 광고를 한 10만 원어치 해봤습니다. 단순히 노출만 되는 광고였는데, 다른 톱 인기 게임 클릭수보다 10배가 넘는 조회수가 나왔어요. 한국사 게임으로 수능과 내신까지 대비할 수 있다고 하니까 반응이 폭발적이었죠. 사람들에게 이런 갈증이 있었나 봐요. 기자님들도 연락 주시면서 '난세의 영웅' 관련 기사 조회수가 다름 게임들보다 높다고 얘기해 주셨습니다. 이런 반응들이 쌓이면서 가능성을 봤고, 아까워서 재출시를 하게 됐습니다.

막무가내로 한 건 아니고 그런 괜찮았던 조언, 시장 초기 반응 등을 보면서 시작하신 거로군요. 요즘에는 그런 건 상관없고 내가 좋아하면 누군가 좋아할 거라고 하면서 시작하는 사람도 많은 것 같습니다. 전통적인 시장 조사, 수요 예측, 이런 걸 하면 늦는다고 보는 사람도 있던데요.

그것도 맞는 말인 것 같습니다. 자기가 그 분야에서 잘한다, 좋아한다 생각하면 계속 추진하는 사람들이 주위에서도 잘되더라고요. 그게 잘되겠느냐 했던 걸 꾸준히 하면 팬이 생기고, 또 한 번에 터질 가능성이 높아지는 시대가 된 것 같습니다. 지인이 게임을 개발했는데 어떤 연예인이 언급해서 대박이 터졌습니다. 계속 꾸준히 하다 보면 언젠가는 유튜브 등에서 유명인이나 연예인이 한마디 해주면서 확 잘될 수 있는 거죠.
처음이 중요한 것 같습니다. 한 방도 중요해요. 저희도 처음에는 알려진 게 거의 없었고 근 20일간 다운로드 수도 하루에 1~2명이었는데 상 한 번 받고 나서, 또는 기사가 나고 나서 여러 사람들에게 연락을 많이 받았어요. 그렇게 해서 기자님도 처음에 만나게 됐고요. 게임만 충실히 개발해 놓는다면, 언젠가 연예인이나 유튜버 중에서 유명한 사람이 한국사를 '난세의 영웅'으로 공부했다고 나오는 순간 대박이 날 수 있을 거예요. 독보적인 분야의 게임이니까 그럴 가능성이 높다고 봅니다.

좀 더 현실적인 얘기를 해볼까요. 게임을 론칭하고 난 이후 수입은 어땠나요?

처음 론칭하고 나서 2개월간 순수익이 월 1,500만 원정도 됐어요. 그런데 게임이 터져버리면서 이걸 어떻게 해야 할지 멘붕이었습니다. 그렇다고 버리기엔 너무 아까웠죠. 재론칭 후에도 테스트 기간엔 수입이 거의 없었습니다. 재론칭 준비 기간에는 여러 지원을 받으면서 생활해 왔습니다. 정부 및 학교로부터 금전적 지원을 받았고, 생활비 마련을 위해 PC방에서 아르바이트를 하기도 했죠. 주말에는 PC방에서 일하고 평일에는 개발하면서 시간을 보냈습니다.
처음에 게임을 개발할 때는 부모님께서 우려도 하셨지만 첫 게임 론칭 이후 성공하는 모습을 보시고선 지지해 주셨습니다.

게임 수익은 어떻게 나는 구조인가요?

구글플레이에서 유료로 게임을 이용하게 합니다. 현재 1장부터 3장까지는 무료로 이용할 수 있고, 이후로는 1장당 2,500원을 내야 이용할 수 있습니다. 3장까지 플레이를 해본 이용자가 계속해서 게임을 원할 경우 결제해서 이용하는 식이죠.

유료 결제가 이뤄지면 저희에게도 수익이 발생하는데요. 1명이 유료 결제를 할 때마다 30%를 구글플레이가 중개수수료로 가져가고 나머지 70%를 개발자들이 나누는 구조입니다(이는 게임마다 다를 수 있음). 여기서 부가세 10%를 떼면 60%가 순수익이 되죠. 게임이 대박을 치면 돈을 많이 벌 수 있다고 생각합니다. 인디 게임 개발자 중에서 한 달에 억 단위를 버는 분들도 있습니다.

구글스토어에 게임을 등록하는 일은 간단합니다. '구글 개발자 콘솔 앱'에서 계정을 구입하면 앱 등록 권한이 생겨요. 애플이 운영하는 앱스토어는 보안 등의 이유로 검증이 좀 더 까다롭지만, 게임 앱을 만들 수 있는 능력이 있다면 앱 등록이 가능한 것으로 압니다.

재론칭하기까지 정말 좋았던 순간이나 힘들었던 순간은 언제였나요?

처음 출시한 게임을 완전히 접기 전까지 '심폐소생술'을 하려고 엄청 노력했습니다. 전문 프로그래머를 7명 정도 만났는데 기존 엔진으론 가능성이 없다고 하더군요. 애초에 밑단부터 잘못돼서 되돌릴 수 없다는 의견부터 모바일이 아닌 PC게임으로 내는 게 어떻겠냐는 의견도 있었어요.

일반적으로 모바일보다 PC게임이 더 만들기 쉽지만, 저는 앞서도 언급했듯 '난세의 영웅'을 PC용으로 내는 순간 저희 게임의 수명은 끝난다고 생각했습니다. 불법 복제 가능성도 높아지고, 무엇보다 제가 생각했던 게임은 '누워서 쉽게 할 수 있는 게임'이었는데 그게 안 되니까요.

전문가들은 하나같이 엔진을 바꾸라고 권하더군요. A 프로그래머는 2,000만 원을 받고 엔진 교체를 도와주겠다고 했고, B 프로그래머는 500만 원을 얘기했어요. 대신 B 프로그래머는 기반을 다지는 과정까지만 도와준다고 했죠. 결국 B 프로그래머랑 진행하게 됐는데요. 협업이 잘 이뤄졌지만 저희가 공부해야 할 것도 많았죠. 프로그램을 구성하는 기본 언어 자체가 기존 게임에서 사용하지 않던 계열이었어요.

새로운 게임 언어를 익히려고 하다 보니, 제가 전공자가 아니어서 힘들었습니다. 외계어 같았죠. 그런데 맨땅에 헤딩하면서 배우고 또 배우니까 익혀지더군요. 아직도 그렇게 잘하는 편은 아니지만, 프로그래밍 언어를 보는 데 부담감은 많이 없어졌습니다. 처음이 제일 힘들었던 것 같아요.

법적인 문제로 어려움도 있었습니다. 옛날 게임은 엔진에서 BGM 설정, 타격 시 효과음, 캐릭터 그리기 등의 리소스[3]를 제공했는데, 현재 엔진에

3 리소스(Resource): 컴퓨터 시스템에 관한 여러 가지 자원.

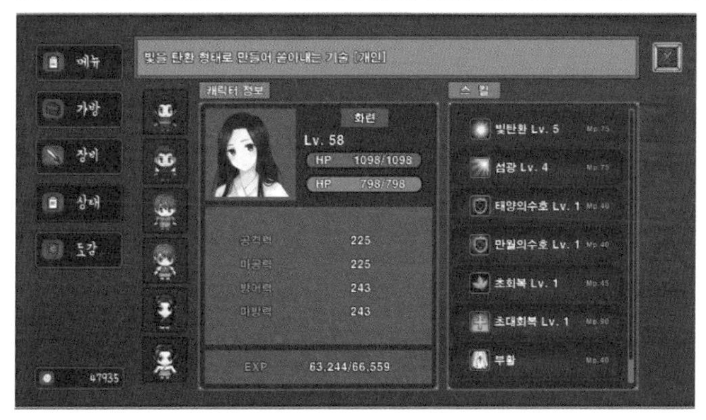

'난세의 영웅' 게임 장면. 플레이어는 캐릭터의 경험치를 쌓아나가며 공격력과 방어력을 높이고, 재화와 아이템도 관리할 수 있다.

선 리소스를 제공하지 않아서 저희에게 필요한 것들을 다 구해야 했습니다. 각 엔진별로 쓸 수 있는 리소스가 있고 저작권이 엄격했기 때문이었죠. 이전 엔진에서 제공하는 리소스는 이전 엔진에서만 쓸 수 있었어요.

리소스를 구해야 하니 돈이 필요했습니다. 각종 외주비도 줘야 했고, 저희 생활비도 필요한데 돈이 없었어요. 마침 그때 한국게임협회에서 지원하는 프로젝트가 있었는데 여기에 선정돼서 리소스를 살 수 있었습니다. 사실상 재론칭을 위해 시나리오 빼곤 거의 완전히 새로운 게임을 만든 셈입니다. 밤새는 일도 많았습니다. 다른 게임 개발자들이 '난세의 영웅' 같은 게임을 안 만들려는 이유가 더욱 와닿았습니다. 작업이 너무 힘들기 때문이었죠. 다른 게임은 하나의 장면만 잘 잡으면 그 지도에서 플레이를 하는 경우가 일반적입니다. 하지만 '난세의 영웅'은 엄청나게 이동하며 하는 게임이라 저희가 할 게 많았습니다.

시나리오 작업부터 따지면 개발까지 4년은 걸렸다고 볼 수 있습니다. 시나리오 작업을 처음 할 때 1장을 쓰는 데 A4 300장 정도가 나왔습니다. 1장당 시나리오를 짜고 대본을 짜고 검수하는 데 한 2개월씩 걸렸고요. 대본이 따닥따닥 붙어 있는 건 아니어서 띄어쓰기나 빈칸을 빼면 150장 정도 될 것 같습니다.

처음 만들 때는 글 쓰는 것이 무서웠습니다. 도입부를 쓸 때 한 시간씩 멍 때리곤 했습니다. 그런데 요즘엔 두려움이 많이 없어졌고, 글 쓰는 일에 재미가 생겼어요. 독서록 공모전이나 글쓰기 공모전, 인문학 공모전에 많이 참가했는데요. 입선을 많이 해서 이걸로 돈을 좀 벌기도 했습니다. 일 끝나고 집에 와서 할 게 없을 때 했습니다. 대단한 게 아니라 취미로, 재밌어서 한 거예요. 자기가 쓴 글을 보고 '잘 썼다'고 하면서 느끼는 카타르시스가 있잖아요. 제가 글쓰기를 좋아하는 것 같습니다.

현재 게임은 6장까지만 만들었고 다시 시작해야 합니다. 시나리오는 10장까지 다 있어요. 게임을 만드는 과정이 그렇게 오래 걸리진 않을 것 같습니다. 시나리오를 쓰는 데 오래 걸리지, 엔진은 다 만들어서 이제 찍어내기만 하면 되거든요. 나머지 7~10장은 1년이면 다 만들 수 있을 겁니다.

3 : 게임 다운로드 수 100만, 한국사 대중화가 목표

안 대표와 고 대표는 2017년 4월부터 '한국사 RPG-난세의 영웅' 네이버 카페를 운영하고 있다. 게임 소개와 홍보가 목적이기도 하지만, '한국사 대중화'가 더 큰 목표다. 안 대표는 '역사를 잊은 민족에게 미래는 없다'는 말을 절대적으로 믿으며 한국사를 글로벌 K콘텐츠로도 활용해야 한다고 강조한다. 중국의 '삼국지'나 일본의 '사무라이·닌자'는 전 세계적으로 유명한 콘텐츠가 됐지만, 한국사는 여전히 글로벌 콘텐츠 시장에서 뒤처져 있다는 것이다.

'난세의 영웅' 네이버 카페의 회원수는 현재 6,000명이 넘는다. 이곳에 방문해 보면 게임 관련 공지 사항뿐만 아니라 한국사 자료가 꾸준히 업로드되고 있고, 게임 피드백 공간과 토론장 등이 활성화돼 있다. 카페 회원들은 게임에 대한 각종 만족·불만족 사항을 전달하고, 역사적 사실에 대한 의견도 제시한다. 그야말로 한국사 놀이터로서 기능하며 게임의 업그레이드에도 도움을 주고 있다.

예를 들어, 안 대표는 9장 일제강점기 시대의 역사적 고증을 위해 2020년 7월 카페에 '일본군 위안부 VS 일본군 성노예, 어떤 표현이 맞나'라는 질문을 올렸다. 두 명칭 사용을 두고 학계 등에서 첨예한 입장 대립이 있기 때문이다. '일본군 위안부'는 명칭을 일원화함으로써 혼동을 방지한다는 장점이 있는 반면, '위로해 주고 안심하게 하는 여자'라는 뜻이 오해의 소지를 주는 단점이 있다. 이에 반해 '일본군 성노예'는 명칭만으로 일본군의 만행을 고발할 수 있지만, 표현이 너무 강해 생존해 계신 분들에게 거부감을 줄 수 있다. 안 대표는 2020년 7월 카페에서 두 명칭 중 어느 것이 적합한지 묻는 투표를 진행했고, '9장 일제강점기편' 개발 시 '일본군 위안부'라는 명칭을 사용하기로 했다.

왜 한국사 대중화를 이루려 하나요?

고등학생, 대학생 때만 해도 정치 과목을 굉장히 좋아했습니다. 대학교 초반에는 생각이 좌로도 치우쳤다가 우로도 치우치기도 하며 극단을 달렸습니다. 이명박 전 대통령의 장점을 보다가도 노무현 전 대통령을 생각하게 되고, 박정희 전 대통령도 생각했는데요. 역사를 알면 알수록 좌우의 말이 다 맞고 필요한 부분이 있었습니다. 김대중 전 대통령도 꼭 있어야 했고 박 전 대통령도 꼭 있어야 했죠.

우리나라 정치도 이제는 좌우의 극렬한 대립만 일삼기보다 합리적이고 중립적인 대안을 도출할 수 있는 수준에 왔다고 생각합니다. 그럼에도 불구하고 싸우는 것은 서로를 정확히 모르기 때문이라고 생각해요. 일례로 친구들과 술자리를 하거나 카카오톡 단체방에서 대화를 나눌 때 친구들이 특정 정치인을 두고 싸울 때가 많았습니다. 상대방에 대한 잘못된 정보를 갖고 싸우기만 하는 게 매우 소모적으로 보였죠. 저 역시 과거 우파로 많이 치우쳐 있을 때가 있었는데, 관련 사실을 많이 찾아보고, 저와는 의견이 달랐던 아버지와 대화를 나누면서 좀 더 이성적인 생각을 갖게 된 경험이 있었습니다.
많은 사람들이 역사를 공부해서 양쪽 입장을 다 이해할 수 있는 지식을 갖췄으면 좋겠습니다. 정확한 사실을 알게 되면 정치, 경제, 사회, 철학 등 정말 많은 분야에서 화합의 장을 만들 수 있다고 생각합니다.

이용자 수나 향후 대기업과의 인수합병 등 사업 관련 목표는 무엇인가요?

'난세의 영웅'으로 100만 다운로드(이용자 100만 명)를 찍는 게 우선 목표입니다. 100만을 찍고 나면 알아서 운영되게끔 서버 작업을 다 해놨어요. 이 게임에 들어갈 큰 지출은 이제 없을 겁니다. 게임 관련 리소스도 다 확보한 상태예요. 100만을 달성하고 나서 또 다른 게임을 만들 건지, 다른 일을 할 건지는 찾아봐야 할 것 같아요. 확실한 계획은 안 세워 놨습니다. '난세의 영웅'은 연금처럼 쭉 가져갈 수 있을 것 같습니다.
이 일을 하면서 글솜씨가 많이 늘었습니다. 표현력이라든지 시나리오 전개 능력이라든지 캐릭터 콘셉트를 잡는 스킬 등이요. 글 쓰는 것도 처음에는 진도가 잘 안 나가다가 이제는 비교적 잘 쓰는 편인 것 같아요. 특출나게 잘 쓰는 것은 아니지만 두려움은 많이 사라졌습니다. 글쓰기를 하면서 살 수 있을까도 싶어요.

게임 출시는 책 출간과 다르지 않다고 생각합니다. 네이버에 제 이름을 검색하면 나오는 게 태어나서 처음이에요. 이 게임 덕분에 나오는 거죠. 제 이름을 더 알리고 싶어졌고 역사에도 이름을 남기고 싶어졌어요. 물론 돈도 벌어야 한다고 생각합니다.

고용성 대표는 새로운 게임을 만들거나 사업을 하고 싶다고 합니다. 저는 취직도 생각해 보고 싶어요. 대신 공무원 꿈은 좀 멀어졌어요. 제가 갖고 있는 것을 잘 활용할 수 있는 곳이라면 어디든 도전해 보고 싶습니다. 무조건 게임회사를 원하는 것도 아니에요. 저희 도전 정신이나 노력, 프로젝트 완성 경험 등을 인정해 주는 곳이면 좋겠습니다. 사업을 해보고 싶은 마음도 있는데 지금은 좀 지친 감도 있네요.

100만 다운로드 달성은 언제쯤으로 예상하나요?

2018년에 게임을 선보였을 때 2개월 만에 10만 다운로드를 찍을 줄은 상상도 못 했습니다. 만들어 놓으면 언젠가는 잘되겠지 싶었죠. 그래서 이게 언제 터질지 예측하긴 어렵습니다. 2021년까지 100만을 찍으면 좋겠습니다.

아직 완성형 사업가는 아니지만, 본인이 세워둔 경영철학이라고 할까요. 창업하고 싶은 분들에게 하고 싶은 얘기가 있다면요?

좋아하는 것을 하는 것은 매우 중요합니다. 다만, 좋아한다고 다 할 순 없는 것 같아요. 저에게 만약 '난세의 영웅'이 아닌 사업을 하라고 한다면 음식점이나 편의점 등의 사업에는 절대 손대지 않을 것 같습니다. 저보다 경험 많은 어른들이 주로 하는 분야이기 때문이에요. 어른들이 할 수 없는, 못 하는 사업을 저는 해볼 것 같습니다. 30대 후반부터 50대 이상인 분들은 분명 노련함과 연륜이 있어요. 그분들을 이길 자신이 없습니다. 같은 요식업을 하더라도 어른들은 못 하는 아이템을 잡고 싸워서 살아남는 게 좋다고 생각합니다.

특히, 정보기술IT은 어른들이 손대기 어려운 분야인 것 같습니다. IT 분야에서는 새로운 앱이 계속해서 나오고 있죠. 코딩을 공부해야 하고 계속해서 새로운 트렌드를 선도해야 해요. 저만 해도 지금 스무 살인 친구들을 보면 머리가 더 팽팽 돌아가고 뭐든 도전할 수 있을 것처럼 보입니다. 한번 고꾸라져도 되는 나이죠. 아무래도 어른들이 전혀 경험이 없는 IT 분야에 도전할 가능성은 상대적으로 낮으니까 젊은 친구들이 창업하기에 좋은 분야가 아닐까 싶습니다.

안겨레, 고용성 투캉프로젝트 공동대표의 'Weird point'와 '어록'

#문돌이 #법학과 #경영학과 #한국사RPG #와신상담 #100만다운로드 #한국사대중화

"'빈집'이 털기 쉽다. 유니크한 영역에서
'짱을 먹으면' 독보적일 수 있다"

°

"한국사로 게임만 하는 게 아니라 공부까지
할 수 있으면 인기 있을 것 같았다"

°

"노련함을 갖춘 어른들이 못 하는 아이템을
공략해야 성공 가능성이 높다"

4

송은강 캡스톤파트너스 대표

신생 스타트업에 주로 투자하는 전략으로 차별화하며 마켓컬리, 직방, 당근마켓, 드라마앤컴퍼니(리멤버), 파두 등에 투자했다. 약 10년 동안 스타트업들을 위한 토크쇼 '쫄지말고 투자하라(일명 쫄투)'를 진행하며 스타트업들의 '키다리 아저씨'로 불린다.

“쫄지 말고 투자하라”,

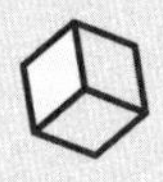

2020년 10월 14일 오후 8시 30분. 서울 강남구 역삼동의 캡스톤파트너스Capstone Partners 사무실에서 유튜브 방송 녹화가 시작됐다. 송은강 캡스톤파트너스 대표와 홍준 위블락WeBlock 대표가 진행을 맡은 이날 행사는 '쫄지 말고 투자하라!' 일명 '쫄투'의 시즌 9 첫 번째 방송이었다. 게스트는 김해민 전 페이스북/인스타그램 프로덕트 매니저PM: Product Manager. 현재 창업을 준비 중이라는 김 전 PM은 페이스북/인스타그램에서의 근무 경험을 비롯해 미국 스타트업 업계 동향에 대해서도 이야기를 들려줬다.

"PM은 기획·개발·디자인·마케팅 담당 등이 한 팀을 이뤄 빠르게 움직일 수 있도록 총괄하는 역할이에요. 저는 경제학 전공자지만 입사 필수 교육을 받은 게 큰 도움이 됐습니다. PM이 알아야 하는 기본 지식과 회사에 특화된 지식을 배웠죠. 디자인부터 데이터, 기술, 비즈니스,

리서치 등을 배워 팀의 결과물이 좋은지 나쁜지 판단할 정도가 돼야 합니다.

미국은 확실히 창업이 활성화돼 있습니다. 대학에 액셀러레이터Accelerator나 성공한 창업가들이 직접 찾아와 인재들을 발굴하고 지원하죠. 창업 관련 수업도 있고, 교수들이 창업을 도와주는 클래스를 만들기도 합니다. 내수시장 규모가 매우 크기 때문에 매우 좁은 분야만 깊게 파도 주식공개상장IPO 등으로 성공할 수 있어요.

인공지능AI 등 최신 기술에 대한 텍스트가 영어로 가장 먼저 나오기 때문에 유리한 점도 있습니다. 과거엔 명문대 졸업생의 과반수가 뉴욕 금융권으로 갔는데, 이젠 과반수가 창업하러 샌프란시스코로 갑니다. 미국에서도 전문직과 대기업 취업이 여전히 유망한 건 맞지만 테크Tech가 좋은 직업이라는 데는 이의가 없어졌어요."

지면관계상 생략한 내용이 많지만, 한 시간가량 이어진 쫄투 방송을 보면서 '간접 경험'을 확실히 해볼 수 있었다. 스마트폰이나 글로만 접하던 페이스북이란 기업의 업무 환경이 어떤지, 미국의 스타트업 창업이 얼마나 활발하게 이뤄지고 있는지 어렴풋이 알 수 있었다.

쫄투는 대한민국의 모든 스타트업을 위한 고품격 투자 상담 토크쇼를 표방한다. 스타트업들을 초대해 기업 소개 기회를 주고, 투자자와 연결될 수 있도록 판을 깔아준다. 스타트업뿐만 아니라 투자 업계 관계자들도 초대한다. 투자자의 시각을 알기 위해서다. 2011년 팟캐스트로 시작해 시즌 8까지 약 10년 동안 이어졌다. 쫄투를 통해 마켓컬리,

송은강 캡스톤파트너스 대표

직방, 우아한형제들(배달의민족), 당근마켓 등 250개가 넘는 기업들이 소개됐다. 쫄투 출연을 계기로 총 수천억 원 규모의 투자 유치도 이뤄졌다고 한다.

쫄투는 스타트업 창업자라면 꼭 봐야 하는 방송으로 자리매김했다. 이런 쫄투를 기획하고 10년째 진행 중인 사람이 있다. 스타트업들의 '키다리 아저씨'로 불리는 송은강 캡스톤파트너스 대표다. 아무리 바빠도 쫄투 녹화가 있는 수요일 저녁만큼은 비워둔다는 그는 "건강한 창업 생태계를 만드는 데 도움을 주기 위해 쫄투를 시작했다"라고 말한다. 자금 유치 경험이 부족한 스타트업과 떡잎 발굴이 필요한 투자자 모두가 윈윈할 수 있는 플랫폼을 만든 것이다.

송 대표는 정치인도 아니고 비영리단체 대표도 아니다. 그는 2,700억 원 규모의 자금으로 약 150개의 기업에 투자하고 있는 벤처캐피털의 대표다. 온전히 투자 수익률로 평가받는 냉정한 '쩐의 세계'의 한복판에 있는 그가 쫄투 방송을 10년째 이어가는 것은 이익 추구와는 거리가 먼 순진무구한 행동으로 보일 수도 있다. 철저히 이윤을 따지는 업계의 기준에서 보자면 말이다.

송 대표는 이렇듯 모순된 가치가 충돌하는 지점에서 '균형'을 추구하는 인물이다. 천성이 돈만 좇지는 못하는 것이다. "쫄투를 진행하며 정말 즐거워 보인다. 단순히 돈을 벌기 위해 벤처투자를 하는 사람도 많지 않느냐"라는 나의 질문에 그는 이렇게 답했다.

"벤처투자 생태계는 10년 전만 하더라도 시장의 규모, 각 구성요소의 숫자나 품질이 지금에 비해 작고 보잘것없었습니다. 그때 정보를 잘 얻지 못하는 창업자나 창업 후보자들에게 창업 동향을 전하고, 만나기 어려운 벤처캐피털을 간접적으로나마 경험하게 하여 벤처 생태계가 발전하고 성장하는 데 도움이 되어야겠다고 생각했던 것 같습니다. 지난 10년을 돌이켜 보면 쫄투를 통해서 저희가 기여한 것보다 제가 배우고 가르침을 받은 것이 더 큰 것 같기도 합니다.

이 일을 오랫동안 하는 게 저의 꿈입니다. 앞으로 17년 정도 더 해서 75세가 될 때까지 하고 싶습니다. 이 일을 잘하려면 세상을 읽는 눈이 필요합니다. 세상의 변화를 읽고 대응하는 능력 있는 창업자를 계속해서 보고 투자해서 인연을 맺고 그에게 배울 수 있다는 것은 행복한 일입니다.

제가 투자한 회사들의 창업자들은 100% 저보다 훌륭한 사람들이라고 생각합니다. 저는 우연찮게 이 업계에 들어왔습니다. 그런데 제가 투자하거나 쫄투에서 만나는 대부분의 창업자들은 우연히 창업한 분들이 아닙니다. 이분들은 리스크를 안고 창업하고 늘 리스크를 추구하며 살아가는 분들이니까요. 이런 훌륭한 사람들을 계속 만나서 함께 협력해 세상의 변화를 도울 수 있다면 그야말로 의미 있고 행복한 삶이 아닐까요?"

2020년 7월 15일 쫄투 시즌8 방송을 마치고 열린 '쫑파티' 모습. 쫄투는 약 10년간 이어져왔다.

1 : 아무것도 이룬 게 없는데 투자하는 투자사 대표

앞서 등장한 김동진 이스트엔드 대표와 김재연 정육각 대표는 하나같이 송 대표를 추천했다. 두 대표는 모두 "창업 초기 아무것도 없었을 때 자신을 도와준 분"이라며 송 대표에게 감사함을 표했다. 그들에게 송 대표는 당장 눈에 보이는 성과가 없어도 떡잎을 알아보는 눈을 가진 사람이며, 다른 벤처캐피털 대표들보다 '진심을 갖고 도와주는' 인간적인 매력을 가진 사람이었다. 그들은 송 대표에 대해 "좋아한다" 혹은 "존경한다"고까지 표현했다.

벤처캐피털 대표가 스타트업들에게 이런 평판을 얻기란 쉽지 않다. 벤처캐피털의 목적은 결국 수익이다. '좋은 관계'를 유지하기까지 수많은 변수가 존재한다. 좋은 관계란 말 자체가 무의미할 수도 있다. 이런 상황에서 두 대표가 공통적으로 추천한 송 대표를 꼭 만나보고 싶었다. 송 대표가 벤처투자업계 전체를 대표할 순 없겠지만, 창업을 꿈꾸는 이들에게 도움이 될 만한 조언을 많이 해줄 수 있을 것으로 예상했기 때문이다. 결과적으로 그는 이 책에서 소개하기에 매우 적합한 사람이었다.

송 대표는 일반적인 벤처캐피털들이 꺼리는 창업 초기 기업에 과감히 투자한다는 전략을 갖고 있다. 남들은 리스크가 크다며 기피하는 일을 마다하지 않는다. '한번 투자한 기업은 끝까지 책임진다'는 철학도 갖고 있다. 창업 초기 기업에 연달아 투자를 단행해 성공할 수 있도록 최대한 돕는다. 캡스톤파트너스가 운용하는 펀드 규모는 2,700억 원에 달하지만 여전히 송 대표가 스타트업을 직접 심사하고 대표들을 만난다. 이 역시 흔치 않은 일이다.

삼성맨에서 1세대 벤처투자자로, 스타트업들의 키다리 아저씨로 변신

송 대표는 서울대 계산통계학과를 나와 한국과학기술원KAIST 전산학 석사 과정을 밟았다. 1988년 삼성종합기술원에 개발연구원으로 입사해 선임연구원과 삼성그룹 회장 비서실 인터넷 태스크포스팀을 거쳤다.

벤처캐피털 세계에 몸담게 된 것은 삼성그룹이 미국에 합작 투자 법인인 캠브리지삼성파트너스를 세울 당시 초기 멤버로 합류하면서부터다. 한국으로 돌아온 그는 2000년 MVP창업투자(現 스마일게이트인베스트먼트)를 설립했고, 줄기세포 치료제 개발사인 메디포스트MEDIPOST와 이동통신 계측장비업체 이노와이어리스Innowireless에 투자하며 이름을 알렸다. 메디포스트에 5억 원을 투자해 100억 원을 회수했고, 이노와이어리스엔 13억 원을 투자해 160여억 원을 회수했다.

2008년 캡스톤파트너스를 설립했다. 캡스톤파트너스는 중국의 게임업계 1위인 텐센트Tencent로부터 총 800억 원을 유치하면서 주목을 받았다. 2013년 센드버드Sendbird에 투자했던 3억 원을 2019년 77억 원에 회수하며 20배가 넘는 수익을 내기도 했다. 2020년 12월 기준 운용 중인 펀드는 총 11개로 전체 운용 자산은 2,700억 원이다.

벤처캐피털의 투자는 펀드를 만들고 출자자를 모집하는 순으로 이뤄진다. 정부, 연기금, 금융권 자금, 민간 자금 등으로부터 투자받아 수십억 원에서 수천억 원 규모의 펀드를 조성한다. 운용 기간은 5~8년 등 다양하다. 이때 벤처캐피털의 '성적'이 좋을수록 펀드를 조성하기에 유리하다. 기존 투자수익률이 좋아야 출자자들이 믿고 돈을 맡기기 때문이다.

펀딩을 마친 벤처캐피털은 떡잎을 찾는다. 보통 한 개의 펀드가 여러 기업에 투자하는데, 분산 투자로 리스크를 줄이고 자금 회수 가능성을 높이기 위해서다. 10개 기업에 투자해서 한두 곳만 대박이 나면 나머지 기업 투자의 손실까지 메울 수 있다고 한다. 벤처캐피털은 펀드에서 매년 일정 수준의 관리비용을 떼고, 펀드가 잘되면 인센티브를 받는다.

벤처캐피털은 투자 성공률을 높이기 위해 성공이 보장된 스타트업들을 찾는다. 당연히 창업 초기 스타트업보다 어느 정도 성공 궤도에 오른 곳들을 선호할 수밖에 없다. 유명세를 탄 스타트업에 벤처캐피털들이 몰리는 구조다.

이에 반해 초기 스타트업들은 투자 제안서를 수십 건씩 제출해도 투자 한 건을 받기 어렵다. 돈이 부족해 궁지에 몰린 스타트업들은 미래를 내다보며 투자할 겨를이 없다. 당장 눈앞의 이익을 좇다 당초 세운 비전과 멀어지고 그저 그런 스타트업으로 전락하며 사라지게 된다.

송 대표는 이런 관행을 보며 캡스톤파트너스의 차별화 전략을 세웠다. 산업의 변화를 감지할 안목을 갖추고 남들보다 빠르게 대어를 낚기로 한 것이다. 송 대표는 초기 스타트업에 집중 투자하며 높은 수익률을 얻는 방법을 택했다.

송 대표는 초기 스타트업이 탄력을 받아야 할 시기에 디딤돌을 놓아줬다. 그가 스타트업들의 '키다리 아저씨'로 불리는 이유다. 캡스톤파트너스가 설립 3년 미만의 창업 초기 기업에 투자하는 비율은 70%에 달한다. 일반적인 벤처캐피털은 30% 수준이다.

그가 투자했던 창업 초기 기업들은 마켓컬리, 직방, 당근마켓, 드라마앤컴퍼니(리멤버), 왓챠Watcha, 마이리얼트립Myrealtrip 등이 있다. 이외에도 카카오모빌리티가 인수한 카풀 스타트업 럭시LUXI, 파티게임즈가 인수한 소셜카지노 업체 다다소프트DADASOFT, ODM·OEM 전문 제약사 노바렉스NOVAREX, 에듀테크 기업 퀄슨Qualson, 나노융합소재 전문기업 엔트리움Ntrium 등이 초기 투자한 사례들이다. 송 대표는 이들 기업의 잠재력을 가늠한 뒤 5억 원 안팎을 투자하고, 기업이 성장할 때마다 후속 투자를 이어왔다. 2013년 첫 투자 당시 74억 원에 불과했던 직방의 기업가치는 2019년 7,000억 원 수준으로 높아졌다. 당근마켓은 2019년 9월 월 이용자 수 1,000만 명을 넘어서며 국민 앱으로 자리매김했다. 당근마켓은 알토스벤처스, 굿워터캐피탈, 소프트뱅크벤처스 등 글로벌 투자사로부터 누적 480억 원의 투자금도 유치했다.

송 대표의 '픽pick' 중엔 반전 매력을 뽐내며 의미 있는 성장을 이어가는 스타트업들도 많다. 1인 화덕피자 브랜드 고피자GOPIZZA가 대표적이다. 고피자는 요식업이란 이유로 투자자로부터 외면받았다. 인공지능·빅데이터·모빌리티 등 핫한 분야가 아닌 데다 성장 정체가 심한 오프라인 사업이었기 때문이다.

그런데 송 대표는 고피자만의 남다름에 주목했다. 카이스트 출신인 임재원 고피자 대표는 혼밥 트렌드에 맞춰 '1인용 피자'를 개발했다. 임 대표는 어떻게 하면 피자 맛을 높이면서 간편하게 만들까 고민하며 1인용 피자를 간단하게 구워낼 수 있는 소형 화덕을 직접 개발했다. 이 화덕 덕분에 맥도날드에서 햄버거를 만들 듯 고피자 체인 사업자는 1인용 피자를 매우 쉽고 빠르게 만들 수 있다. 현재 고피자 매장에선 2~3분 만에 1인용 피자를 5개씩 구울 수 있다고 한다.

2018년 송 대표의 투자 등에 힘입은 고피자는 20개 미만이었던 매장 수를 90여 개로 늘렸고, 싱가포르와 인도에도 매장을 냈다. 2020년 6월엔 중소벤처기업부가 꼽은 '아기 유니콘'으로 선정됐다. 현재 고피자가 받은 누적 투자금은 60억 원에 달한다.

독서실 프랜차이즈 작심作心도 빚에 허덕일 때 송 대표를 만나 도움을 받았다고 한다. 작심은 별다를 것 없어 보이는 독서실 사업을 무료 인터넷 강의로 차별화했다. 에듀윌, 해커스, 시원스쿨 등의 강의를 기업간거래B2B로 조달함으로써 사교육비 부담을 덜어준 것이다. 무료 강의 조달 비용은 매장 수를 늘려나가며 점차 줄였다. 2016년 6월 론칭한 작심 독서실 수는 2020년 11월 기준 400개를 돌파했다. 누적 투자 유치액도 200억 원에 달한다.

이 밖에 앞서 언급한 초신선 식재료 플랫폼 정육각과 K패션 브랜드 플랫폼 이스트엔드의 초기 성장 과정에도 송 대표가 있었다.

캡스톤파트너스는 설립 3년 미만의 창업 초기 기업에 투자하는 비율이 70%에 달합니다. 일반적인 벤처캐피털의 비율이 30%인 것과 비교하면 이례적인데요. 리스크가 큰 탓에 남들은 초기 투자를 꺼리는데, 이런 투자를 지속하시는 이유가 뭔가요?

매력적인 사람들을 찾아 투자해 보고 싶었습니다. 당장 눈에 보이는 회사의 성과보다 창업자들이 얼마나 독창적인 생각과 강한 열정을 갖고 있는지에 주목했죠. 저는 VC 업계의 후발주자입니다. 2008년에 캡스톤파트너스를 설립했죠. 2010~2011년쯤부터 창업 초기 기업에 투자를 해야겠다고 마음먹게 됐어요. 이유는 저희 역시 남들과 똑같이 해서는 성장하기 어렵다고 생각했기 때문입니다. 남들과 다른 VC가 되고 싶었어요. 업계의 일반적인 포트폴리오와 다를 필요가 있었습니다. 당시 미국에서 린 스타트업[1]의 영향으로 다양한 초기 스타트업에 투자하는 사례가 늘었습니다. 또 2010년대 초반부터 초기 스타트업에만 전문적으로 투자하는, 마이크로 VC펀드라고 불리는 펀드를 운용하는 VC들이 나오기 시작했죠.

1 린 스타트업(Lean Startup): 아이디어를 빠르게 시제품으로 제조한 뒤 시장의 반응을 통해 다음 제품 개선에 반영하는 전략. 또는 그런 스타트업.

물론 미국에서 신생 기업에 투자한 사례를 참고할 순 있었겠지만, 사업이다 보니 리스크에 대한 두려움이 크지 않으셨나요?

사실 파트너들의 반대가 심했습니다. 그래도 제가 밀어붙였습니다. 이게 길이라고 믿었습니다. 돌이켜보면 당시 투자했던 것들이 모두 성공하진 않았지만, 잘 성장한 기업이 많은 편입니다. 운이 좋았다고 할까요. 마켓컬리, 왓챠, 직방, 센드버드, 드라마앤컴퍼니(리멤버), 마이리얼트립 등에 투자했습니다.

빠르게 성장한 직방은 '네이버 부동산'과 함께 메이저 중개 플랫폼으로 자리매김했습니다. 직방 투자는 초기에 어떻게 하게 됐나요?

2011년 당시 회사 이름은 채널브리즈(주)였습니다. 저희 업계의 심사역이었던 안성우 現 직방 대표가 창업했어요. 당시 1, 2인 가구가 늘어나면서 소형 가구들의 임대주택 수요가 늘어나는 상황이었습니다. 또한, 집을 구하는 젊은 세대들이 부동산을 구할 때 온라인 검색을 병행하고 있었죠. 안성우 대표가 직방의 원룸 매물을 늘리기 위해 10개월 만에 8,000명의 임대인을 모집하는 성과를 거두는 등 발로 엄청나게 뛰었던 실행력을 높이 샀습니다. 현재 직방에서 투자 및 M&A를 책임지고 있는 안광수 이사가 저희 회사의 당시 투자 심사역이었습니다.

정육각의 김재연 대표 말로는 대표님께서 '위어드Weird한 포인트가 있어야 투자한다'고 하셨다던데, 투자할 때 주로 어떤 점을 보시나요?

위어드Weird란 단어를 정확하게 쓰진 않았습니다. 다만, 똑똑한 창업자라면 과거와 똑같은 제품이나 서비스를 같은 방법으로 하면 안 된다고 생각합니다. 그런 방법으로는 대기업이나 기존의 플레이어를 이기기 어렵습니다. 특히 스타트업은 돈이 제한돼 있습니다. 한정된 자원으로 사업을 해야 하죠.

신박한 제품이나 서비스를 가져오거나 또는 남다른 기술이 포함돼 있어야 합니다. 그게 아니라면 똑같은 것을 고객에게 제공하더라도 제공하는 방법에서 무언가 달라야 합니다. 남들과는 다른 것을 생각해내고 그것을 실행하는 사람, 투자할 때는 이런 사람들을 선호할 수밖에 없어요. 예를 들어 온라인 쇼핑도 얼마나 편리해졌나요. 뭐가 또 새로울 수 있을까 싶죠. 그런데 고객의 냉장고를 생각해볼 수 있습니다. 냉장고에 물건이 다 떨어지면 알아서 물건을 보내주는 거죠. 이런 게 혁신입니다. 매일 쓰는 면도기도 소비자가 새로 구매하기 전에 마모도를 미리 파악해서 자동으로 보내줄 수 있어요. 소비자에게 편리성, 효율성을 제공하는 겁니다. 배송의 경우 배송비를 더 싸게 책정할 수 있는 혁신이 가능하겠죠. 똑같은 배송 서비스라도 가격 면에서 차별화가 가능한 겁니다.

사실 남다른 것을 생각해내는 것은 쉬운 일이 아니에요. 남다른 것을 생각해내는 게 창업의 절반은 됩니다. 나머지 반은 실행력입니다. 생각을

스타트업을 위한 유튜브 채널 'EO'에 출연한 송은강 대표

실현할 수 있어야 하죠. 좋은 아이디어를 생각만 하면 무슨 의미가 있을까요? 실행력이 없으면 말짱 꽝입니다. 말이야 얼마든지 할 수 있어요. 싸이월드, 페이스북 같은 것들을 생각했다고 해도 그게 무슨 의미가 있나요. 실제로 그걸 만들어 내야죠. 당근마켓, 직방, 배달의민족 등이 잘되는 것을 보고 어떤 사람들은 본인도 많이 생각했던 모델이라고 말합니다. 하지만 이 사업을 실행하고 만드는 것은 완전히 다른 문제입니다.

저희 캡스톤파트너스는 다양한 분야의 다양한 기업에 투자하고 있지만, 가장 가치가 크다고 생각하고 좋아하는 기업들은 사람들의 기본적인 욕구와 관련된 아이템으로 기회를 찾는 곳들입니다. 먹고 입고 쇼핑하고 자고 소통하는 등등. 왜냐하면 기본적인 니즈에 비즈니스 기회가 굉장히 많이 있다고 생각하기 때문입니다. 인간의 기본 욕구가 가장 큰 기회예요. 그리고 여기서 뭔가 바뀌는 것을 읽어내고 대응하는 사람이 큰돈을 벌 수 있습니다. 의식주라든지 소통이라든지 쇼핑이라든지 이런 기본적인 것들 속에서 이뤄지는 변화를 읽어내는 능력 말이죠. 여기엔 코로나19 같은 외부의 어떤 요인이 작용할 수도 있고, 인공지능 같은 기술이 영향을 줄 수 있습니다.

스타트업에 투자할 때 숫자만 보지는 않습니다. 종합적으로 보죠. 물론 매출과 이익, 증가율을 봅니다. 하지만 이 같은 숫자가 없다면 사용자와 이용 시간 증가율 등 유의미한 수치를 찾아봅니다. 당장 돈을 벌지 못해도 의미 있는 성장을 보여주면 됩니다. 당근마켓이 대표적입니다. 대단한 매출과 이익이 없는데도 2019년에 회사 가치를 3,000억 원가량으로 평가 받았죠.

2 : "남다름이란 원하는 것을 위해 포기할 줄 아는 것"

송 대표님이 보시기에 남다른 사람의 특징은 무엇인가요?

자기가 하고 싶은 게 있으면 그것을 이루기 위해 그냥 막 달려가는 사람입니다. 정육각 김재연 대표의 예를 들어볼게요. 김 대표는 맛있는 돼지고기를 배송해야겠다고 생각하고 사업을 계획했습니다. 도축한 돼지를 갖고 와서 고기 맛이 최상인 2~3일 내에 고객들이 원하는 양으로 잘라 고객들에게 배송하는 것이었죠. 김 대표는 한국과학영재학교와 카이스트를 나와서 엘리트 코스를 밟는 중이었는데 부모님이나 주위 기대에도 불구하고 자기가 하고 싶은 것을 하기 위해 고기 자르는 일을 마다하지 않은 거죠. 엄청 남다른 겁니다.

저는 이런 사람들을 굉장히 좋아합니다. 사실 우리는 뭔가를 하기 위해 목표를 세우면 부차적인 나머지를 포기하거나 나중에 해야 합니다. 포기해야 할 것들을 포기할 줄 알아야 하죠. 그런데 대부분의 사람은 이것도, 저것도 갖고 싶어 하고 포기하지 못합니다. 포기할 줄 아는 사람이 용기 있고, 남다른 사람입니다. 그런 사람들이야말로 우리 시대가 필요로 하는 사람이에요.

비슷한 예로 매트리스 시장에서 놀랍게 성장한 '삼분의일'의 전주훈 대표를 들 수 있어요. 전주훈 대표는 서울대 미생물학과를 나왔는데 동기들 중에 사업하려던 사람이 몇이나 있었을까요. 대부분 의학전문대학원에 가거나 바이오 관련 기업에 들어가려고 했을 겁니다. 그런데 전주훈 대표는 일찌감치 사업을 하고 싶어 종합상사에 들어갔다가 여러 차례 창업을 했어요. 실패도 해봤지만, 이제는 매트리스 시장에서 존재감을 드러내고 있습니다.

아동복 제조유통 스타트업인 CMI파트너스의 이은주 대표도 마찬가지입니다. 이 대표는 카이스트와 하버드경영대학원 등을 거쳤는데 본인이 패션사업을 해보고 싶어서 삼성물산 패션부문의 SPA브랜드 에잇세컨즈의 점장을 경험했습니다. 과연 얼마만큼의 손해를 감수해야 이런 선택을 할 수 있을까요? 본인이 창업의 꿈을 꾼 만큼 그 목표를 이루기 위해 필요하다고 생각한 일을 한 겁니다. 그동안 이력에 걸맞은 일을 하면서 돈도 잘 벌고 남들에게 잘 보이려고 했다면 가능했을까요? 어떤 길을 가더라도 내가 원하는 것을 이루기 위해선 연봉을 당분간 희생하고 사람들의 시선을 무시하겠다는 의지가 있었을 겁니다.

제가 투자한 포트폴리오에는 이런 사람들이 가득합니다. 자기가 원하는 꿈을 위해서 다른 것들을 포기할 줄 아는 사람들이죠. 희생할 줄 아는 사람들입니다. 혹자는 이상해 보인다, 왜 그런 선택을 했느냐고 말할 수 있겠지만, 이것은 남다른 사람들의 특징입니다.

사람의 태도를 많이 보시는 것 같습니다. 어떤 인생을 살아 왔고 어떤 마음으로 창업을 결정했는지, 가치관이나 비전은 어떤지 등을 종합적으로 보시는 것 같은데요. 그런데 남다른 생각을 하고 남다른 아이디어를 내는 게 참 어려운 일일 것 같습니다. 지나고 나서 보면 결과가 좋았을 수 있지만 완전히 실패하는 방법일 수도 있으니까요. 비결이라고 할 만한 게 있을까요?

남다르려면 현재의 상황을 정확하게 알아야 합니다. 또 정육각 예를 들게 되는데요. 김재연 대표 말에 의하면 돼지고기는 도축한 후 사후경직이 풀리자마자 먹어야 가장 맛있습니다. 그 시기는 사후경직이 풀리고 1~2일에 불과하죠. 만약 모든 회사들이 이 시기에 돼지고기를 배송했다면 정육각이란 존재는 태어날 수가 없었을 겁니다. 정육각은 고기가 가장 맛있는 때를 알아내곤 현재 다른 업체들은 어떻게 하고 있는지를 파악했어요. 그러면서 기존 축산업계가 맛있는 고기를 창고에 넣어두는 기간이 길다는 것을 알아낸 거예요. 바로 이걸 바꿔야겠다고 생각했다고 합니다. 이것이야말로 혁신이고, 혁신가가 되는 방법입니다. 혁신은 현재를 알고 여기서 남다른 프로세스를 만드는 것입니다. 물론 이는 본질적인 고객 가치를 고민해야 가능한 일입니다. 가장 신선한 고기를 먹고 싶어 하는 고객 수요가 있다는 점을 알아야 하죠.

사실 현재의 상황을 잘 알려면 업계를 볼 수 있는 눈이 필요해요. 초짜 스타트업과 노련한 스타트업의 차이가 발생하는 부분이기도 합니다. 노련한 스타트업은 현재의 상황을 정확하게 판단하려고 노력합니다. 그리고 나의 모델이 작동할지 고민해요. 나의 모델이 작동하지 않을 수 있다고 생각되면, 실제 작동하는지 확인하려고도 합니다. 당장 이뤄놓은 것이 없더라도 나의 모델이 현실에서 작동할 것이라는 걸 투자자에게 어느 정도는 보여줍니다.

투자하려고 초기 스타트업들을 만나 보면 사업 모델이 현실에서 얼마나 작동할지 구체적으로 구상을 해오나요?

그렇습니다. 어느 정도는 구상해 오죠. 명함관리 앱 리멤버Remember를 만든 최재호 대표가 저를 찾아왔을 때 저는 이미 캠카드 등 명함인식기를 3개 정도 쓰고 있었어요. 기계가 글자나 숫자를 인식하게 하는 기술 기반이었는데 정확도가 매우 떨어졌죠. 결국은 제가 다 수정해야 했어요.
그런데 최 대표는 '사람이' 일일이 입력해도 된다고 하더군요. 리멤버 이용자가 명함을 찍어서 보내주면 리멤버가 고용한 사람들이 다 입력해 주는 거죠. 최 대표 말로는 사람이 1장을 입력하는 데 100원의 인건비가 필요하다고 할 경우 우리나라의 화이트칼라 인구수 1,500만 명을 곱해도 15억 원이면 된다고 하더군요. 불가능한 구상이 아니었죠. 1,500만 명의 화이트칼라들이 한번 명함을 등록하면 그 이후로는 바뀌는 것만 수정하면 되니까요. 또, 100원의 인건비도 비싸다고 생각하면 집에서 쉬는 사람들이 틈틈이 입력할 수 있는 플랫폼을 만들어줘서 비용을 낮출 수도 있다고 하더군요. 발상의 전환이었습니다.

또, 최 대표는 처음부터 단순히 명함 관리 앱만 생각하지 않았어요. 미국의 링크드인Linked in처럼 인맥과 경력을 관리할 수 있는 소셜네트워크를 꿈꾸고 있었습니다. 명함은 엄청난 데이터입니다. 이게 리멤버에 투자하게 된 배경입니다(실제로 현재 리멤버는 커리어를 관리하며 새 직장을 찾는 데 도움을 주는 기능을 제공하고 있다. 방송/언론, 핀테크/블록체인, M&A/스타트업 투자 정보 등 관심사 기반의 커뮤니티로도 확대 중이다).

물론 당시 리멤버를 구현하려면 몇 가지 기술이 필요했어요. 명함 정보를 입력하는 사람이 명함의 모든 정보를 다 보진 못하게 해야 했죠. 개인정보가 유출될 수 있는 문제가 있잖아요. 그래서 이름과 전화번호를 각각 다른 사람이 입력하게 하는 등의 기술이 필요했습니다. 이제는 인공지능이 거의 대부분을 해줍니다. 사람 손은 최소한으로만 들어가요.

캡스톤파트너스 홈페이지를 보면 "혁신을 통해 세상을 변화시키고자 하는 열망과 능력을 가진 한국의 '뉴칼라New Collar' 창업자에게 투자합니다"라고 돼 있습니다. 뉴칼라 창업자란 어떤 사람을 말하나요?

뉴 칼라는 IBM의 CEO 지니 로메티가 2016년 처음 제시한 개념입니다. 육체 노동직을 뜻하는 '블루칼라Blue Collar'나 전문 사무직을 뜻하는 '화이트칼라White Collar'가 아닌 새로운 직업 계층이란 의미를 담고 있습니다. 특히, 4차 산업혁명 시대에 기계가 할 수 없는 일을 해내는 인재를 말하기도 합니다. 국내 서적 《새로운 엘리트의 탄생》에서도 뉴 칼라의 특징을 다루고 있습니다. 이 책에선 뉴 칼라의 5가지 조건으로 기술이 바꿀 미래를 내다보는가, 디지털 리터러시literacy가 있는가, 세상을 바꾸고 싶은가, 끊임없이 변화하는가, 손잡고 일하는 법을 알고 있는가로 제시하고 있습니다. 기술이 진화하며 많은 인력을 대체할 순 있을 겁니다. 하지만 기술을 활용해 더욱 높은 가치와 경험을 만들어 내는 창업은 인간만이 할 수 있습니다.

과거 인터뷰 중에 '청소 잘하는 기업이 투자대상 1호'라고 말씀하셔서 화제가 됐고, 여전히 회자되고 있는데, 그렇게 말씀하신 이유가 뭐였나요?

청소는 회사 직원들이 얼마나 자기 회사를 사랑하는지를 알아보기 위한 도구입니다. 투자자 입장에서는 직원들이 자기 이익만 생각하는 게 아니라 대표처럼 생각하고 행동하는 조직이기를 바라거든요. 이런 회사 문화나 분위기를 볼 수 있는 게 얼마나 청소가 잘돼 있는지라고 생각했습니다. 물론 이것도 옛날 얘기예요. 요즘엔 스타트업들이 청소를 잘 안 하죠. 용역을 주는 경우가 많습니다. 또 청소 얘기가 알려지고 나서 투자심사를 하러 가보면 다들 열심히 청소를 해놨더군요. 일부러 그러는 것 같아서 청소 얘기는 이제 안 합니다.

스타트업들을 만나 보면 직원들이 회사를 사랑하는 마음이 부족한 곳들도 많은 것 같아요. 모든 직원들이 회사를 자기 것처럼, 가족처럼 생각하며 희생하는 걸 아까워하지 않았으면 좋겠습니다. 좋은 조직이란 어떤 곳일까요? 대표와 본부장들이 있는데 본부장들이 대표처럼 생각하고 움직이는 곳이라고 생각합니다. 또 본부장이 있고 부장이 있는데 부장이 본부장처럼 생각하고 움직이는 곳이 좋은 조직이죠.

스타트업을 하면서 주의해야 할 점이 있다면 어떤 점일까요?

안 될 것 같으면 접을 줄 아는 것도 필요한 자질입니다. 저희가 투자한 모 게임 스타트업의 대표는 투자받은 돈이 다 떨어지자 추가로 돈을 구해왔습니다. 가족, 친척, 친구들 손을 빌렸을 겁니다. 그 돈까지 잃고 나선 결국 망했습니다. 잠적했죠. 그 뒤론 얼굴을 한 번도 본 적이 없습니다.
끝까지 승부하는 게 꼭 답은 아닙니다. 빨리 정리해야 다시 시작할 수 있습니다. 미국에서도 성공한 창업가의 창업 횟수는 평균 2.8회입니다. 세 번, 네 번 해본 창업자도 많습니다. 미국에서도 구글이나 페이스북과 같은 대기업에 들어가면 매우 자랑할 만한 일입니다. 하지만 바로 입사하기보다는 창업한 회사가 인수돼 그 회사에 들어가는 경우도 많습니다. 창업해본 커리어로 입사하기도 하죠. 첫 창업에 목숨을 걸겠다는 무모함보다는 유연한 사고가 필요합니다.

캡스톤파트너스로부터 투자를 받고 싶어 하는 분들이 많을 텐데요. 이메일도 많이 올 것 같습니다.

일반적으로는 소개로 만나는 경우가 많습니다. 투자 요청서를 보내주는 곳들을 다 만나지는 못해요. 이번에 체계를 바꿨습니다. 일일이 대응을 다 못해서 비디오로 투자 신청을 할 수 있는 플랫폼을 만들었어요. 여기에 저희가 피드백도 할 수 있습니다.

3 : "벤처투자업계도 빈익빈부익부가 심화될 것, 창업 기회 더 많아진다"

송 대표는 최근 몇 년 새 스타트업 생태계가 급팽창하고 있다고 진단했다. '제2벤처 붐'이라고 할 수 있을 정도로 벤처투자업계에 쏟아지는 신규 투자금이 많은 것을 근거로 들었다.

실제로 벤처업계는 2019년을 제2벤처 붐의 원년으로 평가하고 있다. 2019년 벤처투자액과 2018년 기준 엔젤투자액 모두 역대 최고치를 기록했기 때문이다. 투자 규모만 보면 네이버, 다음, 싸이월드 등이 탄생했던 2000년 전후 '제1벤처 붐'을 넘어섰다.

중소벤처기업부와 한국벤처캐피털협회, 한국엔젤투자협회가 발표한 '2019년 벤처투자 및 2018년 엔젤투자 실적'에 따르면 2019년 벤처기업에 신규 투자된 금액은 4조 2,777억 원으로 2001년 통계를 집계한 이후 처음 4조 원을 넘어섰다. 개인투자자 등이 창업 초기 기업에 투자하는 엔젤투자액도 2018년 기준 5,538억 원으로 2000년 엔젤투자액(5,493억 원)을 18년 만에 넘어섰다. 엔젤투자액 집계엔 3년이 걸리기 때문에 2018년 수치가 최신 통계다.

글로벌 벤처투자업계도 뜨겁긴 마찬가지다. 미국 시장조사업체 CB

인사이트에 따르면 2019년 글로벌 CVC(기업 주도형 벤처캐피털) 투자액은 571억 달러로 5년 전 대비 3.2배 성장했다. 같은 기간 투자건수도 3,234건으로 2.2배 늘었다. CVC의 대표 사례로, 구글 지주사 알파벳의 자회사인 구글벤처스GV가 투자한 스타트업 중 활동하는 기업의 숫자는 300개에 달하고, 누적 투자규모는 450억 달러가 넘는다. GV는 우버Uber, 블루보틀Blue Bottle 등 소비재 기업뿐만 아니라 에디타스 메디신Editas Medicine, 원메디칼One Medical 등 바이오 기업까지 가리지 않고 투자하며 사업모델을 확장하고 있다.

이런 분위기 속에서 국내 대기업 지주사의 CVC 허용을 활성화해야 한다는 주장도 힘을 얻고 있다. 국내 대기업 지주사들이 좀 더 적극적으로 벤처투자에 나설 수 있는 환경이 조성될 가능성이 높아진 것이다. 이 경우 글로벌 VC 강자들과 국내 VC 간의 스타트업 투자 경쟁이 더욱 치열해질 수 있다.

캡스톤파트너스를 설립한 지 10년이 넘었습니다. 스타트업들의 '키다리 아저씨'로 불리고 있고, 운용하는 펀드 규모는 2,700억 원, 투자 기업 수는 150개에 달합니다. 송 대표님도 창업자인 만큼 위기와 기회에 대한 고민이 끊임없이 이어질 텐데요. 현재 상황은 어떤가요?

저희 회사는 운용 자금 규모 면에선 국내 VC 업계 30~40위 수준입니다. 자본금 규모로 봤을 때는 훨씬 하위에 있습니다. 제 능력의 한계도 많이 느낍니다. 저는 공돌이입니다. 그러다 보니 투자 업계에 있는 경영대 출신에 비해 네트워크나 전반적인 경영, 경제적인 상황을 인식하는 것이 부족하다고 느끼고 있습니다. 운 좋게 여기까지 왔다고 생각합니다.

돌이켜보면 큰 위기가 있었습니다. 중국의 텐센트가 지금까지 저희 회사의 5개 펀드에 게임 투자를 주목적으로 800억 원 정도를 넣어주었어요. 그래서 꽤 많은 금액을 국내 50개 게임업체에 투자했는데 많이 실패했습니다. 많은 회사들이 문을 닫는 것을 경험했습니다. 저희는 게임 투자를 하면서 IT 서비스에도 투자를 시작했는데 이곳에서 거둔 성과가 게임 투자의 손실을 메꾸고 있습니다.

물론 앞으로도 기회가 있다고 봅니다. 스타트업 생태계가 커지고 있다는 점에서 그렇습니다. 한국의 스타트업 생태계는 한국의 미래 경제를 위해서 더 커져야 합니다. 그리고 이에 대한 사회적인 컨센서스 역시 형성됐다고 생각합니다. 스타트업의 생태계가 잘 만들어지느냐가 향후 한국 경제의 미래를 결정하는 중요한 요소가 될 겁니다.

그래서 벤처캐피털 사업은 커질 수밖에 없습니다. 제가 처음 한국에서 VC를 설립했을 당시만 해도 닷컴버블 영향으로 '투자 암흑기'를 보냈습니다. 연간 국내 벤처캐피털이 조성하는 벤처펀드의 총합이 6,000억~8,000억 원 수준이었어요. 이게 10년 이상 지속됐습니다. 그러다 몇 년 전부터 1조 원 이상으로 커졌죠. 2019년에는 무려 4조 원 이상으로 확대됐습니다. 한 해 스타트업 투자에 몰리는 돈이 평균 7,000억 원에서 4조 원대로 커진 겁니다. 펀드 규모도 과거엔 300억~500억 원이면 큰 축에 속했는데 이제는 2,000억~3,000억 원 규모의 펀드도 다수 조성되고 있습니다.

저는 벤처캐피털의 펀드 규모나 총 투자금액 등은 더욱 커질 가능성이 높다고 봅니다. 대신 부익부 빈익빈이 심해질 겁니다. 벤처캐피털 회사 설립 조건은 까다롭지 않은 편입니다. 그래서 요즘 신규 벤처캐피털 회사들이 많이 생기고 있습니다. 상당수의 벤처캐피털은 조용히 사라질 것이고, 트랙레코드(실적)가 좋고 브랜드가 있는 벤처캐피털들은 투자 조합을 손쉽게 구성하면서 더 큰 회사로 성장할 것입니다. 실은 기회이자 위기인 거죠. 캡스톤파트너스 역시 이러한 기회와 위기를 넘어 일류로 살아남느냐 아니면 그저 그런 회사로 사라질 것이냐가 결정될 것입니다. 저희가 할 일이 많다고 생각하는 이유입니다.

벤처캐피털 시장이 커지는 만큼 창업도 늘어야 합니다. 창업, 특히 좋은 창업이 많아지지 않으면 한국의 미래가 없습니다. 서울대나 카이스트 졸업생 중에 최소 5% 정도는 창업해야 한다고 봅니다. 지금은 창업 비율이 1~2%밖에 안 됩니다. 우리나라 엘리트들이 어떻게 움직이느냐, 엘리트들이 리스크를 안고 세계를 향해 도전하느냐 안 하느냐에 한국의 미래가 걸려 있다고 생각합니다. 그냥 편안한 직장에서 안정을 추구하겠다는 젊은이들이 계속 주류가 된다면 한국의 미래가 과연 어떻게 될 것인지 묻고 싶습니다.

벤처캐피털 업계에 부익부빈익빈이 심화되는 상황은 스타트업들에게 좋은 건가요, 나쁜 건가요?

저는 굉장히 좋은 거라고 생각합니다. 대형사는 더욱 대형화되어 큰 편드를 결성해야만 그 큰 펀드들에서 유니콘 기업들에 제대로 투자할 수 있습니다. 한편으로는 경쟁이 치열해져 전문성 높은 벤처캐피털이 많아져야 한다고 생각합니다.

제가 벤처캐피털을 국내에서 처음 시작할 때는 펀드에 돈만 모으면, 시기만 맞으면 투자하고 싶은 기업에 대부분 투자할 수 있었습니다. 그래서 벤처캐피털들이 돈을 주는 기관의 담당자만 바라보고 있었어요.

그런데 업계 경쟁이 치열해지면서 벤처캐피털들도 이제 엘리트 스타트업에게 선택받아야 좋은 포트폴리오를 구성할 수 있다는 것을 깨닫고 있습니다. 즉, 좋은 스타트업이 좋은 벤처캐피털을 선택하는 것이죠. 이 선택을 받으려면 벤처캐피털이 높은 전문성을 갖춰야 하고, 투자 기업에 제대로 된 가치를 증명하는 진정성 있는 노력이 시장에서 인정받아야 한다고 인식하고 있습니다.

좋은 회사일수록 투자자를 고릅니다. 미국을 비롯해서 전 세계적으로 그렇습니다. 왜 그럴까요? 유명한 벤처캐피털에서 투자를 받았다는 것 자체가 가치를 지니기 때문입니다. 당장 기업 가치가 낮게 평가되더라도 유명 벤처캐피털의 투자를 받은 후엔 가치 증대와 후속 투자에 이점이 생기죠.

송 대표님 보시기에 우리나라는 마음껏 창업해볼 수 있는 환경인가요? '투자받기가 어려울 것 같다'며 주저하는 예비 창업자들도 많을 것 같습니다.

우리나라는 스타트업을 하기에 가장 좋은 나라 중 하나입니다. 정부 지원자금이 이렇게 많은 곳이 드뭅니다. 창업 숫자 대비 정부 지원자금으로 비교하면 전 세계 1위일 겁니다. 중국이나 미국 실리콘밸리도 이렇게까지 지원해 주지는 않습니다. 우리나라는 완전히 정부가 주도하는 환경이에요. 창업 지원과 관련해 다양한 기관이 있으며 이들을 통해서 여러 방면으로 풍부한 자금이 지원되고 있습니다.

조심스러운 이야기지만, 도리어 지금은 정부가 너무 많이 지원하기 때문에 오염된 창업자를 만드는 경우도 있다고 생각합니다. 창업하면 당연히 정부의 지원을 받아야 한다고 생각하는 사람들도 있습니다. 돈을 쉽게 받으니 쉽게 쓰게 되는 것이죠.

개인적으로는 우리나라에서 좋은 창업 사례가 많이 나오려면 대학이 바뀌어야 한다고 생각합니다. 대학에서 창업은 아직 뒷전에 있습니다. 물론 10년 전에 비하면 많이 바뀌긴 했지만 훨씬 더 수적으로 많은 그리고 질 좋은 창업이 많이 이루어져야 합니다. 특히, 최고의 엘리트들이 대학을 졸업해서 창업하는 경향이 생겼으면 합니다. 대학의 연구실 창업도 훨씬 많아져야 합니다. 공학의 정의는 기술을 실용하는 겁니다. 기술을 실용화할 수 있는 공대에서 더 많은 창업이 이뤄져야 합니다. 대학 내 창업의 경우 리스크는 최소화하고 창업자에게 돌아가는 인센티브는 최대화할 수 있는 구조를 대학에서 만들어 줘야 한다고 생각합니다.

창업이 많아져야 하는 이유는 FAANG **Facebook, Amazon, Apple, Netflix, Google** 같은 혁신 기업이 나올 수 있는 방법이 창업밖에 없다고 보시기 때문인가요?

그렇습니다. 새로운 혁신은 이제 스타트업에서 나옵니다. 기존 회사 내에서의 혁신도 물론 중요하지만 회사 밖의 혁신이 반드시 필요해요. 예전에는 기업이 연구활동을 통해서 혁신을 했는데 최근엔 외부 스타트업과의 협업, 인수, 합병 등을 통해 혁신하는 사례가 많습니다.

창업은 개인이 가장 큰 보상을 얻을 수 있는 수단이기도 합니다. 예를 들어 대기업에서 뭔가를 새로 만들었을 경우 그 사람에게 줄 수 있는 보상의 끝은 추후 임원이 되는 겁니다. 물론 이런 삶에서 얻는 인센티브도 적지 않습니다. 하지만 회사를 직접 만들어서 키우고 상장하거나 합병했을 때의 보상은 훨씬 큽니다. 보상이란 개인의 만족감, 성취감뿐만 아니라 개인의 커리어를 쌓고 돈을 버는 것도 포함합니다.

평소에 아이디어는 무엇으로 얻으시나요?

책도 읽고 직접 해보고 경험하는 것도 있지만 저는 전문가, 창업자들과 만나서 배우고 아이디어를 얻습니다. 사실 창업자들을 통해서 그들이 보는 세상의 변화를 배우는 것이 제일 큽니다. 저희가 투자한 회사의 경영진에게서도 세상의 변화에 대한 많은 힌트를 얻습니다. 그들은 시장과 세상의 변화에 적응하지 않으면 도태된다는 것을 아주 잘 압니다. 이러한 창업자들의 대응에 동감하고 그들과 함께 미래를 준비하는 것이야말로 제가 하는 주된 일입니다.

송은강 캡스톤파트너스 대표의 'Weird point'와 '어록'

#벤처캐피털 #스타트업 #키다리아저씨 #쫄투 #떡잎투자 #마켓컬리 #직방 #당근마켓

"혁신은 현재를 알고, 남다른 프로세스를 만드는 것.
본질적인 고객가치 고민해야"

°

"남다른 사람은 목표를 위해서라면
포기할 것은 포기하고 막 달려간다"

°

"안 될 것 같으면 접을 줄 아는 것도 자질.
미국에서도 성공한 사업가는 평균 2.8회 창업"

PART2

굳이 이렇게까지 해야 해?

중견기업의 변신

1

손지호 네오밸류 대표

32세였던 2005년 부동산 개발회사 '네오밸류'를 창업한 그는 수도권 주상복합 개발로 2018년 연매출 1조 원이 넘는 회사를 일궜다. '라이프스타일 디벨로퍼'를 표방하는 그는 주택 분양 사업에 이어 상업시설 운영과 자산 운용업까지 진출하며 끊임없이 진화하고 있다.

기존 성공방정식을
거부한

내가 사는 도시의 모습을 내가 바꿀 수 있을까? 나는 2013~2015년 건설부동산부에서 근무하며 '도시 계획'에 흥미를 갖게 됐다. 내가 별생각 없이 살아온 동네는 누군가 계획한 것이고, 그 계획에 따라 내 삶의 질이 크게 달라질 수 있다는 점을 알게 됐기 때문이다.

대표적인 사례가 서울 한강공원이다. 폭이 1km에 달하는 한강은 세계 최대 수준의 규모와 아름다운 경관을 자랑하지만, 자동차 없이는 방문하기가 꽤 불편하다. 대규모 아파트 단지를 지나고, 올림픽대로를 터널로 통과해야 겨우 닿을 수 있는 경우가 많다. 이는 지난 1967년부터 추진된 강남 개발 과정에서 도로와 아파트 건설이 우선시되고 정작 이를 이용하는 '사람'에 대한 배려는 부족했던 탓이다.

물론 그 당시엔 상습 침수되는 한강에 제방과 도로를 건설할 재원조차 부족할 정도로 여유가 없었고, 강변도로 건설로 동서간 교통이 편리해진 것도 사실이다. 하지만 프랑스 파리의 센 강변, 영국 런던의 템스

강변과 비교하면 아쉬움이 많다. 센 강변을 걸으면 도시와 자연이 조화를 이루며 시민들이 접근하기도 매우 쉽다는 것을 느낄 수 있다. 이렇듯 도시계획은 우리 삶의 모습을 크게 바꿔 놓는다.

꼭 거대한 도시계획이 아니더라도 주변에서 도시 경관을 해치고 삶의 질을 떨어뜨리는 관행을 쉽게 발견할 수 있다. 특히, 신도시나 새 아파트 단지 상가를 방문하면 부동산 중개업소만 몰려있는 모습에 눈살을 찌푸릴 때가 많다. 입주한 지 한참 지났는데도 빈 상가가 많은 것은 물론 브랜드 관리가 엉망인 경우가 허다하다. 시행사와 건설사가 상가를 짓고 분양해 '손을 털고' 나면 상가 주인들은 공실을 채우느라 급급하다. 상가 주인들이 각자 최선을(?) 다한 결과 업종이 중복되면서 식당, 미용실, 카페 등이 뒤엉켜 혼잡한 모습을 연출하기도 한다.

가끔 뜬금없는 구조물이 여기저기 놓여 있는 것도 그렇다. 우리나라는 대형 아파트나 주상복합시설 등을 지을 때 반드시 예술 작품을 설치하도록 의무화하고 있지만, 정작 주민들은 그게 뭔지도 모르고 지나치는 일이 많다. 그저 구색을 갖추려 갖다 놓은 싸구려 작품들은 심지어 보는 이들을 불편하게 한다.

이 같은 관행을 깨뜨리고 '사람 중심'의 도시 문화를 만들어 주민의 삶을 좀 더 풍요롭게 하는 것을 목표로 하는 사람이 있다. 바로 '라이프스타일 디벨로퍼'를 표방하는 손지호 네오밸류 대표다. 그는 도시를 구성하는 공간(대표적으로는 상업시설)과 콘텐츠(자체 브랜드 및 로컬 브랜드)를 차별화하고, 운영방식을 바꿔 사람들이 '의식주휴미락衣食住休美樂'의 영역에서 행복한 라이프스타일을 누릴 수 있게 하려고 한다.

손 대표는 그동안 업계에서 성공 방정식으로 여겨온 것들을 뒤엎으면서도 살아남았다. 아니 오히려 성장했다. 광교 아이파크 단지 상가인 '앨리웨이 광교'(지하 2층~지상 3층, 연면적 3만 8,755㎡)를 분양하지 않고 보유해 3,000억 원 이상의 기회비용을 치렀지만 전혀 다른 사업가로 업계에서 인정받는 데 성공했다. 2019년 8월엔 임차료가 비싸 젠트리피케이션의 대명사가 된 서울 가로수길에서 가장 많은 매출을 올려야 할 1층을 통째로 비우고 광장을 둔 '가로골목'이란 복합문화공간도 선보였다. 가로골목은 주로 오프라인 매장을 처음 내는 신생 스몰 브랜드들을 유치하는 전략으로 밀레니얼 세대와 Z세대의 핫플레이스로 떠올랐다.

손 대표는 일반적인 부동산 디벨로퍼가 아닌 라이프스타일 디벨로퍼를 표방하면서 '업業'의 변화를 주도하고 있다. 과거 화학 제조업의 하위 카테고리에 그쳤던 화장품이 독자적인 '뷰티 산업'으로 성장한 것처럼, 그는 건설업의 하위 카테고리 취급을 받던 부동산 개발업을 한 단계 진화시키려 하고 있다. 사람들이 찾는 공간을 단순히 물건을 '사는 곳buying'이 아니라 소소한 일상을 즐기며 '살아가는living' 공간으로 만드는 것이 그의 목표다.

앨리웨이Alleyway라는 이름도 리빙living의 기능을 극대화하기 위한 공간 설계에서 시작됐다. 앨리웨이는 골목을 뜻하는 영어 단어 'alley'와 길을 뜻하는 'way'를 더해 만든 브랜드로, 말 그대로 '골목길'이다. 구불구불한 골목길을 걸으며 사람을 만나고, 단골 가게에 들러 정감 있는

손지호 네오밸류 대표

동네 문화를 느끼길 바라는 마음에서 이와 같은 공간과 브랜드를 만들었다.

손 대표는 부동산 개발에 머물던 사업 영역을 부동산 운영과 직영 콘텐츠 개발로 확장했다. 토지 확보, 자금 조달, 시공사 선정 및 도급 계약, 분양으로 끝났던 부동산 개발에, 부동산 운영 차원에서 MD 기획부터 임차인 매출 관리까지 추가했다. 직영 콘텐츠 개발에 필요한 인력도 늘렸다.

이 같은 일을 네오밸류 자체 역량으로 펼쳐 나가던 손 대표는 최근 도시문화플랫폼 '어반웨이브'를 론칭하고, 온라인 공간에서 새로운 도시문화를 고민하고 함께 만들어나갈 '크리에이터'들을 모집하고 있다. 손 대표는 주로 건축학이나 도시계획 전공자 중심이던 업계에 콘텐츠 기획자부터 디자이너, 브랜드 창업자, 예술가 등이 합세하면 더욱 창의적인 사업이 가능할 것으로 확신하고 있다. 크리에이터 협업을 통해 서울 성수동에는 미국 브루클린, 용산에는 일본 롯폰기힐스 같은 글로벌 명소를 선보이겠다는 것이 그의 꿈이다.

지금부터 손 대표가 주요 프로젝트를 진행하며 보여준 역발상들을 상세히 소개하려고 한다. 그는 "본질적인 고객 가치를 끊임없이 고민했을 뿐, 위어드Weird하게 하려고 한 적이 없다"라고 거듭 강조한다. 그의 사업 방식엔 독자들이 영감을 얻을 수 있는 포인트가 많다.

1 : 3,000억을 포기해 탄생시킨 우리 동네 문화골목 '앨리웨이 광교'

1번: 당장 현금 3,000억을 손에 쥔다

2번: 대신 전례 없는 사업에 투자한다

당신이라면 무엇을 선택할까. 이 두 가지 선택에서 과감하게 2번을 택한 사람이 손지호 네오밸류 대표다. 2015년 당시 42세였던 그는 경기 광교신도시 '광교 아이파크' 아파트 단지상가를 분양하여 비교적 쉽게 3,000억 원을 벌 수 있는 기회를 포기했다. 대신 이 상가들을 모두 직접 운영한다는 계획을 세웠다. 콘텐츠 개발 및 운영에 600억 원가량이 들었으니, 어림잡아 3,600억 원을 투자한 것이다. 업계 관행으로 보면 그야말로 '미친 짓'이었다.

손 대표는 "라이프스타일 디벨로퍼가 되고 싶었다"라고 말했다. 단순히 아파트나 상가를 지어 분양하기만 하던 국내 부동산 디벨로퍼와는 다르게 일하고 싶었다고 했다. "왜 고생을 사서 하느냐?"라고 물었더니 "더 큰 가치를 만들고 지속할 수 있는 길이기 때문"이라는 답이 돌아왔다.

이후 2019년 9월 오픈한 앨리웨이 광교를 직접 본 후에야 그 말을 이해할 수 있었다.

큰돈을 벌 수 있었는데 굳이 새로운 시도를 한 이유는 무엇인가요?

2005년 네오밸류 설립 후 사업 초기 오피스텔인 '강남 푸르지오 시티' 성공으로 회사 이름을 업계에 알렸습니다. 하지만 개인적으로는 아쉬움이 많았습니다. 단지 준공 후 가족과 현장을 찾았는데 머릿속 그림과 달랐어요. 상가에 공실이 많고 운영도 잘되지 않아 휑하고 어수선한 모습이었죠. 나 스스로에게, 또 자녀에게 부끄러운 마음이 들어 생각을 전환했습니다. 어떻게 하면 상업시설도 활성화할 수 있을지 고민했죠.

'앨리웨이 광교'의 중앙 광장 전경. 상업시설 높이를 낮추고 광장을 넓게 조성해 개방감을 높였다.

그동안 대부분 상가 분양에선 머천다이저MD: Merchandiser가 없었습니다. 전체 임차인 구성을 책임지는 주체가 없었죠. 《소유의 역습, 그리드락》의 저자이자 부동산 관련 법 분야의 석학인 마이클 헬러 컬럼비아대 로스쿨 교수는 '너무 많은 사람이 너무 작게 파편화된 자원의 조각을 소유하면, 협력은 실패하고 부는 사라지며 모든 사람이 손해를 입는다'고 지적했습니다. 결국 누군가 키를 잡고 MD 역할을 해야 한다고 생각했습니다. 아파트 거주자뿐만 아니라 외부에서 상가를 찾는 이들을 위해 정말 필요한 것들을 균형 있게 배치하는 작업을 해보고 싶었어요.

우선 2013년 분양한 '위례 아이파크1차' 때는 네오밸류가 임대대행수수료를 부담하며 책임지고 임차했습니다. 하지만 소유권이 구분되다 보니 전체 그림을 그리는 데 한계가 있었죠. 그래서 그다음 '위례 아이파크 2차'와 '구리 갈매역 아이파크'에선 상업시설 지분 일부를 소유하고 관리했습니다. 그조차도 한계가 있어 '광교 아이파크'부터는 아예 100% 보유하기로 결정했습니다.

손 대표가 상업시설 전체를 보유한 효과는 놀라웠다. 초기 투자 부담이 컸지만, 앨리웨이 광교의 브랜드 구성을 혁신적으로 짤 수 있었다. 실제 앨리웨이 광교에 가보면 스타벅스, 파리바게뜨, 베스킨라빈스 등 어디서나 쉽게 볼 법한 '빅 브랜드'가 없다. 네오밸류 측에 따르면 전체 매장 수 80개 중 자체 브랜드 매장이 10개(12.5%), 앨리웨이에서만 만날 수 있는 특색있는 로컬 브랜드(전국 지점 수 5개 이하)가 55개(68.75%)에 달한다. 반면에 프랜차이즈 업종 비율(전국 지점 수 15개 이상)

은 15개(18.75%)에 불과하다.

구체적으로 살펴보면 직영 브랜드인 프리미엄 베이커리 '밀도'를 비롯해 정관스님의 사찰음식을 기반으로 커뮤니티 활동을 이어가는 '두수고방', 가드닝에 특화된 '식물원', 남성들을 위한 라이프스타일 편집숍 '스트롤' 등이 있다.

직영 브랜드가 아니더라도 앨리웨이 광교에서만 만날 수 있거나 전국적으로 희소한 브랜드들이 많다. 서울 도산공원 유명 베이커리 '아우어베이커리', 오상진·김소영 아나운서 부부가 운영하는 동네 책방 '책발전소' 등도 눈길을 끈다.

돈이 되는 1층 노른자 자리에 홍보관과 갤러리를 배치한 공간 설계도 파격적이다. 가장 중요한 위치에 '돈이 되지 않는' 홍보관을 둔 것도 놀랍지만, 내부를 보면 더욱 놀랍다. 국내 어디서도 쉽게 보기 힘든 예술 작품들이 가득하기 때문이다.

세계적인 팝 아티스트 카우스KAWS의 피규어 50여 점을 비롯해 최만린, 이동기, 백정기, 함도하, 그라플렉스GRAFFLEX, 노보Novo, 샘바이펜SAM BY PEN, 줄리안 오피Julian Opie, 하태임, 옥승철 작가의 작품 20여 점이 전시돼 있다.

'5세 천재 화가 레오나르도'의 전시, 스페인 창작 그룹 '밀림보'의 작품전 등도 열렸다. 손 대표가 법적 필수 미술장식품 투자금액[1]의 10배 이

---

1 문화체육관관광부 '건축물에 대한 미술장식품 설치업무 처리 지침'에 따라, 건축비용의 0.5~0.7% 범위에서 시도의 조례에 따른다.

'앨리웨이 광교'에서 만날 수 있는 '책발전소'(위). 방송인 오상진·김소영 부부가 운영한다.
각종 안내 서비스를 받을 수 있는 앨리웨이 광교 1층 컨시어지(아래)

상인 약 60억 원을 투자한 덕분이다.

호수공원과 접한 중앙 광장에는 카우스가 특별 제작한 높이 7m짜리 초대형 피규어 '클린 슬레이트'가 설치돼 있다. 카우스의 피규어는 작은 것들도 개당 최소 수백만 원에서 수천만 원을 호가한다. 손 대표는 초대형 카우스의 가격을 밝히진 않았지만, 입구에서부터 유명한 작품으로 방문객 눈길을 사로잡는 데 성공했다. 두 눈에 X자가 그려진 대형 미키마우스가 양팔로 아이들을 안고 걸어가는 모습은 젊은 부부들과 닮아 묘한 공감대를 형성한다.

앨리웨이 광교 중앙 광장에 자리 잡은 높이 7m짜리 카우스 피규어

현재 앨리웨이 광교는 입주민뿐만 아니라 수원, 용인, 화성, 서울 등지에서 찾는 명소가 됐다. 무엇보다 광교 호수공원을 끼고 있는 입지 효과가 크다. 지금이야 앨리웨이 광교의 일평균 방문객 수가 평일 1만 5,000여 명, 주말 2만 5,000여 명 수준에 달하며 지역 명소가 됐지만, 손 대표가 해당 부지를 매입하려고 할 때만 해도 회사 안팎의 반대가 심했다. 광교역세권에서 도보로 20~30분 걸리는 위치 탓에 상가는커

녕 아파트 분양도 쉽지 않을 것이란 지적이 많았다. 하지만 결과적으로 1,240세대의 아파트와 오피스텔이 완판됐고, 상업성이 없다던 업자들은 "원래 잘될 땅이었다"라고 말을 바꾸었다.

광교역세권과 매우 먼 곳의 부지를 산 이유는 무엇인가요? 역세권이 아닌 만큼 부담이 컸을 것 같습니다.

광교아이파크 부지는 북향이고 호수공원 인근이라 광교역세권이 아니었습니다. 아파트를 분양하기에 좋은 땅은 아니었죠. 일반적으로 좋은 땅은 역세권에 편의시설이 밀집된 곳이니까요. 만약 광교 호수공원이 별로였다면 저 역시 이런 조건을 포기하지 못했을 겁니다. 하지만 저는 개인적으로 광교 호수공원이 국내 호수공원 중에 제일 좋다고 생각했습니다. 다른 조건을 대체할 만한 입지적 장점이 보였어요.

한 예로 서울 강남 아파트 중에서도 한강변 아파트가 좋은 건 한강 뷰 때문입니다. 과거에는 조망권보다 향과 평면을 중요시 여겨 한강변인데도 다 남향으로 지었습니다. 그런데 지금은 향과 상관없이 거실을 다 한강 쪽으로 뺍니다.

꼭 남향을 찾는다면 한강변이 아니라도 많습니다. 선입견을 버리면 아파트도 상품이 다양해지죠. 사람들이 추구하는 가치가 다양하기 때문입니다. 과거엔 남향, 포베이4BAY, 판상형 등 어느 하나만으로 규격화하던 시절이 있었어요. 하지만 저는 부동산 디벨로퍼로서 그 땅에 가장 좋은 장점으로 만들 수 있는 게 뭔지 고민했습니다. 광교 호수공원을 최대한 활용하는 방식이 더 메리트 있다고 생각했어요.

주변 편의시설이 부족한 건 앨리웨이를 통해 해결하는 수준을 넘어 더 좋게 해줄 계획이었어요. 그렇다고 주거시설을 등한시하지는 않았습니다. 중앙광장의 조경과 아파트 평면은 어디 내놔도 훌륭합니다.

호수공원 입지와 관련해 앨리웨이 광교의 또 다른 특징은 고층 상가가 없다는 것이다. 가장 높은 건물이 3층이다. 만약 고층 상가를 많이 짓고 '호수조망권' 프리미엄을 챙겼으면 더 비싼 임차료를 받을 수 있었을 것이다.

하지만 손 대표는 고층 상가 대신 넓은 중앙광장에 분수와 잔디밭을 조성했다. 아이들이 마음껏 뛰어놀고 가족들은 공연을 관람하며 쉴 수 있게 한 것이다. '머무름'과 '쉼'을 키워드로 한 이런 구성은 미국 LA

광교 호수공원 인근에 자리 잡은 앨리웨이 광교 전경. 호수공원 산책로와 연결돼 있다.

에 있는 '그로브몰 The Grove'에서 영감을 받은 결과물이다. 그로브몰은 분수, 조경, 공연, 조명 등이 어우러져 단순한 쇼핑몰을 넘어섰다는 평가를 받는 곳이다.

손 대표는 구글 플레이스 리뷰를 분석한 결과 국내 쇼핑몰은 '힘들다', '넓다', '비싸다' 등의 부정적 반응이 많은 반면, 그로브몰은 '좋다', '분위기 있다' 등의 긍정적인 반응이 많다는 사실을 발견했다. 또, 사람들이 그로브몰을 찾는 목적도 단순히 먹고 쇼핑하려는 게 아니라 그냥 걷거나 쉬고 즐기러 오는 경우가 많다는 점에 주목했다. 그는 "그로브몰은 단순한 쇼핑몰이 아닌 라이프스타일센터"라며 "앨리웨이 광교의 지향점 역시 라이프스타일센터"라고 강조했다.

손 대표에 따르면 라이프스타일센터는 쇼핑만 하려고 들르는 곳이 아니라 여유롭게 산책하며 휴식할 수 있는 힐링 공간이다. 가볍게 반바지에 슬리퍼 차림으로 집을 나서서 동네의 일상 속에서 예술 작품을 만날 수 있고, 다양한 이벤트로 꾸준히 재미있는 경험을 하며 낭만적인 시간을 향유할 수 있는 곳이다.

소비자들에게는 라이프스타일센터라는 개념이 좀 어려울 수도 있을 듯한데요.

고객들이 라이프스타일센터의 개념을 꼭 이해할 필요는 없습니다. 라이프스타일센터는 업계 용어에 불과할 뿐, 고객들이 '그곳은 단순한 쇼핑몰이 아니야' 정도로 생각해 주면 좋을 것 같아요.

앨리웨이 광교에서 진행된 '스트레인지 프룻' 공연에 몰린 사람들

보통 쇼핑몰을 찾는 소비자는 목적이 뚜렷합니다. 물건을 사거나 장을 보러 가죠. 그런데 라이프스타일센터는 시간을 누리러 가는 곳입니다. 웰니스wellness, 취향 커뮤니티 등 뭘 누리는지는 사람마다 달라요. 다만 '라이프스타일센터 덕분에 내 삶이 좀 더 윤택해졌어, 풍요로워졌어, 살기 좋아졌어' 하는 걸 느낄 수 있어야 합니다. 쇼핑몰에도 F&B, 영화관 등 다양한 콘텐츠가 있지만 라이프스타일센터와 쇼핑몰은 애초에 출발부터 다릅니다.

이걸 이해해야 콘텐츠 기획과 마케팅 면에서도 다름을 추구할 수 있습니다. 쇼핑몰은 구매를 늘리기 위해 소비자의 체류 시간을 늘려야 하기 때문에 놀거리를 통해 오래 붙잡아 두려고 합니다. 라이프스타일센터는 그와 달리 애초에 시간을 향유하는 가치를 주기 위해 만든 것입니다.

그런 이유로 우리는 앵커 테넌트[2]의 개념을 버렸습니다. 과거 영화관, 스타벅스 같은 앵커 테넌트가 사람을 모아주고, 분수효과로 다른 업소까지 이용하게 한다는 것이 쇼핑몰의 전형적인 전략이었습니다. 하지만 우리 생각은 다릅니다. 앵커 테넌트가 사람을 끌어봐야 그곳만 북적일 뿐 다른 곳은 이용하지 않는다고 봅니다. 그래서 라이프스타일센터는 다른 장소도 모두 좋아야 한다는 원칙을 세웠습니다. 즉, 하나하나가 앵커가 돼야 하는 것이죠.

2 앵커 테넌트(Anchor tenant): 상가나 쇼핑몰에 고객을 끌어모으는 핵심 점포.

앨리웨이 광교의 특색 있는 브랜드들

요즘엔 마트에도 웬만한 패션 브랜드부터 프랜차이즈 맛집 등이 다 들어서 있다. 특히 광교신도시 일대에는 앨리웨이 광교가 오픈하기 전에 백화점, 마트 등이 이미 다 입점해 있었다.

손 대표는 어떤 콘텐츠로 앨리웨이를 채워야 할지 고민했다. 앞서 언급한 라이프스타일센터의 특징을 극대화하려면 다른 곳에서 만날 수 있는 브랜드들은 적합하지 않다는 결론에 이르렀다. 유명 브랜드 매장만으로는 기존 쇼핑몰과 다를 게 없었기 때문이다.

광교는 삼성, CJ 등 대기업 종사자와 공무원, 전문직 종사자들이 많이 사는 지역이다. 특히, 어린 자녀를 둔 30~40대가 많고 워라밸(Work and Life Balance, 일과 삶의 균형)을 중시하는 경향도 강하다. 손 대표는 이들의 눈높이에 맞으면서도 앨리웨이가 추구하는 가치와 공감할 수 있는 브랜드로 채워야겠다고 생각했다.

손 대표가 2015년에 인수한 베이커리 전문 브랜드 '밀도'가 대표적이다. 서울 성수동에서 작은 매장으로 시작한 밀도는 일반 베이커리 매장보다 다소 늦은 오전 11시에 문을 연다. 냉동생지를 받아 오븐에 구워내는 대기업 계열 빵집과 달리, 밀도 직원들은 매일 아침 직접 반죽해서 빵을 만든다. 반죽하는 데만 3~4시간이 걸리기 때문에 아침 6

앨리웨이 광교의 '밀도' 매장에서 빵을 사려고 길게 줄 서 있는 고객들

시에 출근해 빵을 만들어도 빨라야 11시에 판매할 수 있다.

오픈은 늦지만 정성이 담긴다. '밀(Meal, 식사)' 또는 '식빵의 기본 재료인 밀'이란 단어와 온도·습도의 '도'를 더한 브랜드 이름에서 짐작할 수 있듯, 식빵을 정성 들여 만들기 위해 그날의 온도와 습도 변화까지 고려한다. 밀도의 모든 빵은 직접 배양한 천연 효모와 고품질 유기농 밀가루를 사용해 우리 몸에 이롭고 향미가 풍부하다. 그야말로 식빵에 목숨을 건 업체다. 진정성은 고객이 먼저 알아본다. 밀도는 '서울 3대 빵집', '빵순이들의 빵지순례 필수코스'로 불리며 위례점, 가로수점, 청담점 등 13개 매장으로 늘어났다. 손 대표는 "문을 조금 늦게 열더라도 손님을 위해 매일 정성을 들이는 점이 마음에 들었고 '고객이 인정해 주는 가치 창출'을 최우선에 두는 것이 우리 회사와 닮아 있었다"라고 말했다.

사찰음식의 대가 정관스님과 함께 문을 연 '두수고방'도 눈길을 끈다. 두수고방이란 예전 절에서 스님들이 탁발하고 남은 음식을 보관하다가 필요한 사람에게 나눠주던 창고를 의미한다. 전남 장성군 백양사 천진암에 머무르는 정관스님은 〈뉴욕타임스〉가 '세상에서 가장 고귀한 음식을 만드는 사람'이라고 극찬한 데 이어, 넷플릭스가 다큐멘터리 '셰프의 테이블 시즌 3'에서 정관스님 편을 제작하며 더욱 유명해졌다.

정관스님은 제철에 나고 자라는 건강한 식재료로 음식을 만들고, 이를 나누며 맺는 연을 강조한다. 뿌린 씨앗이 식물로 자라 우리 몸에 이

'두수고방'에서 정관스님이 쿠킹 클래스를 진행하는 모습

로운 음식이 되기까지의 여정을 통해 식재료와 내가 하나 되는 마음을 가져볼 수 있고, 가까운 이웃부터 외국인들까지 소통할 수 있는 기회를 가질 수 있다는 것이 핵심이다.

이런 철학을 알아본 손 대표는 정관스님을 설득해 앨리웨이 광교에 사찰을 옮겨 놓은 듯한 공간을 만들었다. 3층 실내에 마련된 두수고방 스튜디오에서는 각종 사찰 음식 수업을 진행하고, 제철 식재료로 만든 음식을 판매한다. 실제 절에 있는 느낌을 받을 정도로 평상, 기둥, 테이블, 그릇 등 일체를 전통적인 것으로 사용하고 있다. 앨리웨이 광교 옥상엔 장독대를 옹기종기 갖다 놓고 텃밭도 마련했다. 정관스님은 이곳에서 주민들과 함께 김장도 하고 장아찌도 담그며 각종 커뮤니티 프로그램을 진행하고 있다. 건강한 식문화를 공유하며 정관스님의 가르침도 얻는 경험은 어디에서도 누리기 힘든 특별한 기회다.

남성들을 위한 라이프스타일숍 '스트롤'도 앨리웨이 광교에서 처음으로 오픈했다. 프레인글로벌 여준영 대표가 구상한 공간으로, 단순한 편집숍으로는 설명할 수 없는 요소들이 가득하다. '취향 발견에 최적화된 곳'이란 표현이 적절해 보이는데, 물건만 살 수 있는 게 아니라 소파에 앉아 음악을 듣거나 영화를 볼 수 있고, 독립된 공간에서 혼자 책을 읽을 수도 있다. 밤에는 매장 정문이 아닌 '쪽문'으로 들어와 와인이나 위스키를 한잔 기울이며 수다를 떨 수 있는 공간까지 마련해 뒀다.

'오직 스트롤에서만' 구입하고 경험할 수 있는 상품과 서비스도 한가득이다. 이곳은 고객들이 왜 오프라인에서 물건을 사야만 하는지를 느낄 수 있게 해준다. 스트롤의 독점 컬래버레이션 신발부터 트렁크 가

방 커스터마이징 서비스, 매장 안의 또 다른 팝업 매장(최근엔 나이키), 자신의 얼굴을 픽셀 아트로 만들어보는 서비스까지 다양하다. 결코 고객의 돈을 쉽게 노리지 않겠다는 듯한, 고급스럽지만 부담스럽지 않은, 디테일한 마케팅 포인트들을 발견할 수 있다.

2 : 가로수길 금싸라기 땅 1층을 비워 만든 힙스터 문화골목 '가로골목'

손 대표의 위어드Weird함을 느낄 수 있는 또 다른 사업지는 2019년 8월 오픈한 '가로골목'이다. 서울 강남구 신사동 가로수길 메인 도로변에 있는 이 공간(지하 2층~지상 5층, 연면적 2,346㎡)에는 실험적인 것들이 가득하다. 무엇보다 3.3㎡당 매매가가 2억 5,000만 원에 달하는 메인 도로변에 총 480억 원을 투자해 만든 건물인데도 1층을 거의 비워 광장을 만들었다. 대신 건물 앞뒤로 진입 공간을 최대한 확보해 길을 지나는 이들이 자연스럽게 흘러들어오게 했다. 평행한 두 개의 가로선과 세로선이 만나 사람이 모여들게 한다는 의미의 '가로골목'이란 작명 센스를 느낄 수 있는 대목이다.

가로골목 1층에 들어서면 가로수길 어느 곳에서 쉽게 만나기 힘든 여유로움과 휴식 공간을 발견할 수 있다. 비싼 땅값과 임대료를 만회하기 위해 빼곡히 들어선 상가건물들 사이에서 가로골목이 더욱 이질적이고 특별하게 느껴지는 이유다. 가로수길 메인 도로변에 위치한 상가 건물 중에서 이처럼 1층에 넓은 광장을 조성한 곳은 거의 없다. 삼성물산 패션부문이 운영하는 메종 키츠네 정도가 1층에 광장과 쉼터를 마련했지만 출입구가 한쪽 방향으로만 있다. 양 방향이 트여 있는 가로골목과는 차이가 난다. 가로골목 1층의 작은 카페에서 커피를 사서 광장에 마련된 의자에 앉아 쉬거나 종종 열리는 이벤트를 즐길 수 있으며, 꼭 가로골목에 볼 일이 없어도 부담 없이 오갈 수 있다.

가로골목의 또 다른 특징을 언급하기 전에 짚고 넘어갈 것이 있다. 손 대표가 유독 '골목'에 집착한다는 점이다. 손 대표는 네오밸류의 상업시설 전개방향을 "다시, 골목"이라고 칭할 정도로 도시문화와 골목을 함께 가져가려고 노력한다. 그는 '앨리웨이'란 브랜드를 론칭하고 앨리웨이 광교의 상업시설을 구불구불한 골목길처럼 만들었다. 천편일률적으로 조성된 바둑판식 길보다 유럽의 어느 도시 골목을 연상하게 하는 형태가 사람과 사람 간의 만남을 더욱 자연스럽게 이끈다고 보

서울 신사동 가로수길 메인 도로변에 위치한 가로골목 전경

기 때문이다. 그는 골목길이 정감 있는 동네문화를 만들어가는 매개체라고 확신한다. 새로운 사람들이 몰리는 신도시에 '우리동네 문화골목'이란 콘셉트의 앨리웨이 광교를 오픈한 것도 로컬 커뮤니티 문화 형성을 위해서였다.

손 대표는 가로골목을 통해 과거 개성 넘치는 스몰 브랜드들이 즐비했던 가로수길의 역동적인 모습을 되살리려는 포부를 가지고 있다. 임대료가 너무 비싸져 젠트리피케이션의 대명사가 된 가로수길에는 더 이상 새로운 경험을 할 만한 매력적인 요소가 없어졌다는 게 그의 생각이다.

가로골목을 들여다보면 그의 철학을 더욱 잘 알 수 있다. 가로골목의 구조는 서울 종로구 인사동의 '쌈지길'과 유사하다. 1층 광장에서 5층까지 완만한 나선형의 비탈길을 따라 천천히 오르며 패션, 잡화, 수공예품, 카페 등을 구경하게 된다. 여기에 입점한 브랜드들의 약 70%가 오프라인 매장을 처음 낸 곳들로, 최대 13㎡ 규모의 소규모 매장에 1·3·6개월, 1년 단위로 임대 입점한다. 트렌드 대응력을 높이고 다양한 임차인 풀을 확보할 묘안인 셈이다.

가로골목의 3.3㎡당 임대료는 1층부터 5층까지 모두 동일하다. 이마저도 3.3㎡당 50만 원으로, 인근 숍의 3.3㎡당 임대료가 100만~120만 원에 달하는 것에 비해 훨씬 저렴하다. 심지어 권리금이나 보증금도 없고, 예치금 100만 원이 전부다. 임대료 문턱이 높은 가로수길에서 신생 브랜드도 비교적 쉽게 진출할 수 있는 공간의 역할을 한다. 가로골목 오픈 당시 만났던 입주 브랜드 관계자는 "온라인으로만 사업해 왔는데 상징적인 가로수길에서 브랜드를 홍보할 수 있는 좋은 기회"라며 "단기 임대라 부담이 적고, 상품에 대한 소비자 반응을 직접 얻을 수 있어 좋다"라고 말했다.

가로골목의 매력은 옥상 루프탑에서 절정을 이룬다. 가로수길에서 보기 힘든 루프탑에서는 뻥뚫린 강남 일대와 하늘을 바라볼 수 있다. 계단식으로 된 휴식 공간에 앉아 커피를 마시거나 책을 읽고 버스킹 공연도 즐길 수 있다. 손 대표는 "개성 있고 힘 있는 스몰 브랜드가 자발적으로 모이게 해 가로골목이 가로수길 상권의 힘을 회복시키는 힙스터 문화골목이 됐으면 한다"라고 말했다.

가로골목의 실험은 현재 진행형이다. 하루 최대 8,000명이 방문하고 평일과 주말엔 각각 3,000명에서 5,000명이 모이는 명소가 됐지만, 투자자와 운영자, 임차인을 모두 만족시키며 지속가능한 모델인지는 좀 더 검증이 필요할 것이다.

그럼에도 불구하고 강남에서도 '로컬 커뮤니티 문화'를 만들려는 시도 자체는 분명 주목받을 만하다. 가로수길, 압구정로데오, 강남역 등 강남을 대표하는 상권이 예전보다는 밀레니얼 세대의 주목을 받지 못하고 있기 때문이다. 최근엔 홍대, 성수동, 을지로 등이 강남보다 더욱 힙하고 트렌디한 것 같다고 말하는 이들이 많다. 오프라인 공간의 차별성이 사라진 강남 상권은 변화하지 않으면 더욱 쇠퇴할 수밖에 없을 것이라는 지적을 끊임없이 받고 있다. 코로나19 확산으로 외국인 관광객 유입이 줄어들며 이 같은 변화 속도는 더욱 빨라질 것으로 보인다.

인사동 쌈지길처럼 나선형으로 설계한 가로골목

가로골목 루프탑. 신사동 가로수길을 걷다가 루프탑에 올라 강남 일대를 내려다볼 수 있다.

손 대표와 마찬가지로 강남에서 로컬 커뮤니티 문화를 활성화하려는 시도가 늘고 있는 것은 그나마 다행스러운 일이다. 블랙야크 나우nau와 씨앤피컴퍼니CNP Company가 대표적이다. 블랙야크는 미국 포틀랜드에서 지속가능성sustainability을 추구하던 나우를 인수하여 도산공원 인근에 플래그십 매장을 열었다. 고가 브랜드 매장이 즐비하고 쉼터라고는 찾아보기 힘든 동네에서, 나우는 도산 플래그십 매장 1층과 옥상 등 외부에 개방된 공간을 마련했다. 꼭 물건을 사러 들르지 않아도 쉬거나 각종 이벤트를 즐길 수 있다.

씨앤피컴퍼니는 '문화가 있는 비즈니스를 만든다'는 모토로 '도산분식', '아우어베이커리', '더블트러블', '나이스웨더' 등 색깔이 확실한 브랜드를 운영하고 있다. 모두 강남 상권의 매력을 끌어올릴 만한 매장들이다. 가로수길에 오픈한 신개념 편의점 '나이스웨더'는 편의점도 차별화된 브랜드로 거듭날 수 있음을 보여준다. 나이스웨더는 식품, 생활용품 등 일상 소비재 판매를 넘어 감성을 담은 공간이다. 쉽게 보기 힘든 책, 의류, 인테리어 소품 등으로 매장을 구성하고 건물 외관과 인테리어도 감각적으로 구성해 포토존으로 사랑받고 있다. 자체 제작한 티셔츠 등 별도 굿즈도 인기가 좋다.

3 : "크리에이터는 다 모여라" 도시 문화 플랫폼 '어반웨이브' 탄생

손 대표는 크리에이터들을 모아 전에 없던 도시 문화 공간을 만들려고 한다. 이를 위해 인턴십을 통해 신입사원을 채용하고, 도시문화 플랫폼으로 협업 대상을 확대하고 있다.

우선 네오밸류는 2020년 2~3월 '프로젝트 인턴십'을 진행했다. 도시개발 분야에 관심이 많은 대학생과 취업준비생들에게 직무 경험을 제공하는 이 인턴십에는 지원자 481명이 몰렸으며, 이 가운데 44명이 참가자로 최종 선정됐다. 네오밸류는 참가자들에게 도시 분야 프로젝트매니저PM와 함께 도시 문제의 해법과 바람직한 도시문화의 방향성을 고민하고 설계하도록 주문했다. 이들에겐 설계 과정에서 3가지 테마의 프로젝트 ◆신도시에 필요한 도시문화, ◆젠트리피케이션을 극복하는 도시공간, ◆매력적인 도시를 만드는 콘텐츠 등을 실제 네오밸류가 진행 중인 프로젝트와 연계해 제안하라는 미션이 주어졌다.

미션 수행을 돕는 코치진으로 황보현 솔트룩스 크리에이티브 책임자CCO와 광고커뮤니케이션 전문가 김현태 디렉터, 공간비즈니스 전문가 김수민 로컬스티치 대표, '1913송정역시장 프로젝트'를 총괄한 윤현

믹선동(Mix+익선동) 조감도

석 컬처네트워크 대표가 참여했다.

손 대표가 이 같은 프로그램을 만든 것은 청년들과 우리가 살고 있는 도시에 대해 함께 고민하고 결과물을 나누기 위해서다. 실제로 6주간의 인턴십 프로그램 이후 종합 MVP를 차지한 팀이 '어우러짐의 공간, 믹선동(Mix+익선동)'을 주제로 눈에 띄는 결과물을 내놨다. 이 결과물은 한옥과 현대적인 건물을 적절히 섞으면서도 수익성과 젠트리피케이션 문제를 모두 해결하려는 고민이 인상적이라는 평가를 받았다. 이 아이디어들의 실현 여부를 떠나, 누군가에게 영감을 주고, 또 다른 청년들의 참여를 이끌어낼 수 있다는 점에서 고무적이라는 게 네오밸류의 입장이다.

네오밸류는 이 인턴십을 통해 최종 8명의 합격자를 확정했다. 도시 및 지역계획, 건축 디자인 외에도 디자인경영, 패션 등 다양한 전공을 지닌 이들은 2020년 6월부터 새로운 도시문화 조성을 위한 근무를 시작했다. 네오밸류는 매년 프로젝트 인턴십을 진행할 계획이다. 더 많은 인재들이 도시 분야에 관심을 갖고 역량을 쌓을 수 있는 기회를 제공하고, 전공이나 출신에 상관없이 네오밸류가 추구하는 도시문화·라이프스타일 업을 확장할 역량 있는 인재를 채용하기 위해서다.

도시문화 플랫폼 '어반웨이브' 소개 이미지

손 대표는 '어반웨이브'라는 도시문화 플랫폼도 만들었다. 그는 첫 번째 프로젝트로 '성수 복합 문화 발전소'를 선정했다. 서울 성동구 성수동에 매입한 부지에 밀레니얼 세대가 푹 빠질 수 있는 매력적인 상업시설을 만들기 위해서다. 그는 이 프로젝트를 위해 예술가, 개발자, 디자이너, 기획자, 건축가 등 다양한 분야의 크리에이터들을 모집하고 있다. 손 대표는 "성수 복합 문화 발전소를 시작으로 성수동 일대를 미국 뉴욕 인근의 브루클린 같은 '힙'한 곳으로 변화시킬 것"이라고 말했다.

'그 밖에 손 대표의 위어드(weird)한 전략들…'

이외에도 네오밸류는 2008년 글로벌 금융위기 이후 주상복합 인기가 시들했을 때 위례신도시와 광교신도시 주상복합 용지를 적극 매입했습니다. 결과적으론 좋은 땅을 상대적으로 싸게 사서 성공의 발판이 됐지만 당시엔 쉽지 않은 결정이었는데, 어떻게 역발상을 할 수 있었나요? 실패에 대한 두려움은 없었나요? 남다른 위어드Weird함을 발휘할 수 있던 비결은 무엇인가요?

그 기준은 판단할 때마다 다른데, 굳이 하나로 정리하자면 본질적인 고객가치입니다. 물론 당시엔 주상복합이 인기가 없었습니다. 서울 도곡동 타워팰리스를 비롯해 한때 주상복합이 부의 상징으로 인기를 끌었지만, 막상 살아보니 성냥갑 모양의 '판상형'이 낫다는 것을 소비자들이 알게 됐기 때문입니다. 당시 주상복합들은 대부분 타워형으로 맞통풍이 안 되고 공간 활용도가 낮은 문제가 있었어요. 전용률은 낮은데 관리비는 많이 나오고, 저층부 상가 때문에 사생활 침해 문제를 제기하는 이들도 있었습니다. 하지만 본질적인 고객가치를 생각해 보면 '주상복합이라 무조건 나쁘다'는 건 일반화의 오류에 빠지는 겁니다. 주상복합이라도 일반 아파트 같은 평면에 주거와 상업 시설이 잘 분리돼 있고, 상업시설도 훌륭하게 갖췄다면 왜 나쁘겠어요. 주상복합이라는 선입견을 깨뜨릴 만한 상품을 보여주면 된다고 생각했습니다.

그래서 주거에 많은 신경을 썼습니다. 일반 아파트라면 어느 정도만 돼도 팔릴 상품인데, 주상복합이란 선입견을 깨야 해서 주거 평면에 엄청 신경 쓰고, 더 다양한 평면을 고민해서 만든 게 위례 아이파크입니다. 인천 더샵 스카이타워에는 더 많은 노력을 기울였어요. 아파트 분양이 잘 안 되는 지역으로 알려져 더 신경 썼습니다. 인천 송도·청라의 그 어느 단지보다 우리 상품이 가격 대비 우수합니다. 3.3㎡당 분양가가 1,000만 원대로는 나오기 힘든 아파트를 지었습니다.

주상복합에서 주거와 상업 시설을 분리한 것은 신도시 주상복합용지의 용적률이 일반적인 주상복합용지의 용적률보다 낮다는 고민에서 시작됐습니다(손 대표는 주상복합의 주거·상업시설을 분리해 스트리트형 상가를 선보인 것으로도 유명하다). 용적률 800~1,000%짜리 부지에서 이 밀도를 다 활용하기 위해서는 위로 높게 올릴 수밖에 없습니다. 바닥에 상가를 깔고 그 위에 건물을 지어야 용적률을 다 찾을 수 있죠.

그런데 신도시 주상복합은 용적률이 제일 높은 게 400%이고 보통 300%대입니다. 일반 주거용지 용적률이 250~300%니까 준주거 정도의 용적률인 거죠. 고밀도가 아닌 준고밀도에 상업과 주거시설이 다 들어가야 했습니다. 사실 주거와 상업시설을 분리하지 않으면 더 쉬웠을 겁니다. 상업시설이 바깥에 따로 위치하는 것보다 아파트 내부에서 연결될 때 장점이 있고, 매장들이 모여 있어야 운영·관리하기도 편하기 때문입니다.

하지만 우리는 주거시설과 상업시설을 분리해 음식 냄새·소음 등의 피해를 줄이는 한편, 시행사 최초로 상가 임차인 관리 서비스를 제공했습니다. 분양 후 손을 떼는 게 아니라 임차인 유치를 도운 것이죠. 준주거용지에 들어서는 주상복합은 핵심 상권에 위치하는 장점이 있는 터라 인근 단지보다 빠르게 팔려나갔습니다. 2005년 회사 설립 후 2009~2014년 그렇게 위례신도시, 구리갈매 등지에서 총 5,228가구 규모의 주상복합 개발 및 분양을 모두 성공시켰습니다.

한 언론 인터뷰에서 "역설적으로 들릴지 모르지만 돈을 벌기 위해선 돈이 안 되는 일을 해서 가치를 높여야 한다"라고 말씀하셨습니다. 무슨 의미인가요?

새로운 가치를 만들기 위해선 남과 다른 시도를 해야 한다는 의미였습니다. '돈이 될 것 같다'는 아이템이 오직 나에게만 있다면 분명히 돈이 될 겁니다. 기회가 있다는 얘기죠. 그런데 사업적으로 좋아 보이는 건 누구에게나 좋아 보이기 마련입니다.

결국 닭이 먼저냐 달걀이 먼저냐의 문제입니다. 남들이 다 돈이 된다고 생각하면 그건 이미 레드오션인 거고, 나만 돈이 된다고 생각하는 아이템이 있다면 이건 남들이 안 하는 걸 하고 있다는 거죠. 이걸 성공하면 사람들은 "어떻게 저걸 했느냐"며 신기해합니다.

남들은 못 보지만 나에게는 기회인 것을 끊임없이 찾아야 합니다. 단순하게 무작정 추진해선 안 되고 분명한 리스크에도 불구하고 실제 구현할 수 있는 여건이 돼야 합니다. 누군가 "그렇게까지 해야 해?"라고 하는, 더 손이 가는 일을 많이 할 줄 알아야 합니다.

흔히 레드오션이냐 블루오션이냐를 많이 따지는데, 이미 포화인 시장은 누가 봐도 포화상태가 현실로 나타나니까 알 수 있을 뿐입니다. 반대로 성공하면 블루오션이라고 하는 거고요.
혹자는 블루오션이란 현실에 없는 오아시스에 불과하다고 말합니다. 결국 각 개체가 끊임없이 서로 자극하며 진화하는 레드 퀸[3]효과가 발생하는 가운데 좀 더 빨리 움직이는 패스트무버가 좀 더 빨리 기회를 포착해서 잡는 것이죠. 그 뒤를 이어 해당 영역에서 기회를 선점해 나가다 보면 블루오션을 찾았다고 평가받는 것 같습니다.

2021년 상반기 인천 더샵 스카이타워에서도 '앨리웨이'를 오픈할 예정으로 압니다. 기존 위례, 광교와의 차이점이나 더욱 진화된 점이 있을까요?

과연 광교랑 똑같이 하면 잘될까요? 그렇지 않을 겁니다. 지역 주민에게 필요한 걸 만들어주는 게 핵심입니다. 소셜 데이터와 지역 정보를 심층적으로 분석해서 MD를 고민하고 있습니다. 광교의 경우 백화점부터 아웃렛, 마트 등 다양한 상업시설이 많았어요. 그러니 기존에 없으면서도 특별한 가치를 줄 수 있는 라이프스타일센터를 지었죠. 반면 인천은 백화점, 쇼핑몰, 마트, 영화관 등 주민들의 기본적인 욕구를 충족할 상업시설이 부족합니다. 이런 기본적인 것을 먼저 충족시키고, 그러면서도 탄

3 레드 퀸 효과(The Red Queen effect): 계속해서 발전하는 경쟁 상대에 맞서 끊임없는 노력을 통해 발전하지 못하는 주체는 결국 도태된다는 가설.

탄하게, 또 뻔하지 않게 하려고 노력하고 있습니다.
인천 앨리웨이에는 일반적인 마트, 편의점이 모두 필요합니다. 광교 앨리웨이에서 생산자와 소비자를 연결하고 직접 산지체험까지 가능한 마트 '다곳'을 시도한 것도 이미 일반 마트가 넘쳐나기 때문이었습니다. 인천에는 좀 더 보편적인 마트나 편의점 브랜드가 들어가야 할 것입니다. 영화관도 CGV가 들어옵니다. 네오밸류 직영 콘텐츠는 '밀도'와 '책발전소'만 확정돼 있고 나머지는 좀 더 검토해야 합니다.

손 대표님의 꿈은 무엇인가요? 지금 하는 사업뿐만 아니라 죽기 전까지 이루고 싶은 장기적인 미래 계획까지도 들어보고 싶습니다.

서울에서 제대로 된 '씨빅 프라이드 타운civic pride town'을 개발하고 싶습니다. 해외를 다녀보면, 예를 들어 일본 롯폰기힐스 같은 곳 덕분에 도쿄라는 도시가 더욱 풍요로워졌다고 생각해요. 이런 곳은 단순한 랜드마크나 핫플레이스를 넘어 도시 주민이 자랑스럽다고 느낄 수 있는 공간입니다.
방법적으로는 특정한 지역을 선택하고 그 지역에 하나의 개발이 아닌 여러 개의 개발을 통해서 문화가 있는 도시를 만들고 싶습니다. 그렇게 보고 있는 곳이 성수동과 용산입니다. 무언가를 하려면 개발 가능한 땅이 있어야 하겠죠.
성수동은 '한국의 브루클린'이 될 수 있는 곳이라 생각합니다. 용산은 '한국의 롯폰기힐스'가 될 수 있습니다. 성수동의 경우 새롭게 들어설 네오밸류 본사 건물을 중심으로, 큰 것부터 작은 것까지 각각 다른 방식으로 여러 건을 개발하려고 합니다. 용산에도 확보한 부지가 있으니, 이것을 롯폰기힐스로 보고 주변을 더 개발해 지역을 탈바꿈시킬 계획입니다.
두 곳 다 이미 만들어진 강남보다는 변화와 탈바꿈의 여지가 있는 곳들입니다. 용산은 여러 미군기지가 공원화될 텐데 도심에 이런 큰 공원이 있기 힘들다는 점에서 차별화됩니다. 성수동도 서울숲이 큰 차이를 줍니다. 여기에 고급 주거단지가 생기고, 공장과 자동차 정비공장이었던 곳들이 탈바꿈하면서 새로운 콘텐츠와 사람들이 모이는 곳이 되고 있습니다. 성수동에는 새로 들어가는 기업들이 많아요. 대기업은 아니지만 벤처, 중소기업, 엔터 등이 모여서 하나의 산업을 이루면서 사람들이 모이고 있습니다.

전에 없던 생각이 새로운 기회를 만들고, 시장을 만들고, 산업과 일자리까지 창출한다고 생각합니다. 네오밸류의 일이 새로운 기회, 시장, 산업, 일자리와 연관해 어떤 파급효과를 가져올 수 있다고 생각하시나요? 새로운 일을 찾는 경력직을 비롯해 취업 준비생 등에게 적극적으로 권할 수 있는 분야라고 생각하시는지요?

매우 그렇습니다. 이번에 프로젝트 인턴십 통해서 최종적으로 8명을 채용했습니다. 481명이 지원했고, 인턴십 44명을 거쳐 뽑았습니다. 기획, 공간, 라이프스타일에 관심 있고 굉장히 실력 있는 친구들을 많이 만났어요. 요즘 대학생들은 실력이 대단해서 추리는 게 어려웠습니다. 원래 계획은 최대 6명 채용이었는데 추가로 2명을 더 뽑았습니다. 떨어뜨리기가 너무 아까웠어요.

업이 바뀌고 있습니다. 과거엔 건설분양업이 주를 이뤘기에 전공이 건축이나 도시 관련인 학생들만 관심이 많았죠. 라이프스타일 비즈니스로 가면 다양해집니다. 예술, 경영·경제, 커뮤니케이션이 다 나옵니다. 그런 분야의 친구들이 관심만 있으면 얼마든지 도전할 수 있습니다.

네오밸류는 개발, 주택 분양, 상가 운영에서 시작해서 자산운용까지 사업을 확대하고 있습니다. 아울러 도시 문화 플랫폼도 발전시켜 나갈 계획입니다. 앨리웨이는 주거와 연계한 상업시설 브랜드로 가려고 합니다. 살기 좋은 동네를 지향하는 것이죠. 가로수길이나 성수동 같은 곳은 소규모 개발로, 용산 같은 곳은 대규모 개발로, 총 3개 축으로 갈 계획입니다. 앨리웨이와 함께 나머지 2개 축을 이룰 브랜드가 더 나올 예정입니다.

콘텐츠 면에서는 우리만의 색깔을 담으려고 합니다. 인간적이고, 정감 있고, 사람과 사람의 연결을 강조하는 것이 오프라인 경험에서 가장 중요합니다. 휴식을 위한 친환경적 요소를 비롯해 예술, 문화도 빼놓을 수 없습니다. 일상 속에서 느낄 수 있는 예술과 취향 존중을 강조하고 싶어요. 에이스호텔ACE Hotel 같은 브랜드를 들여올 수도 있고 직접 브랜딩해 만들 수도 있죠.

일본을 대표하는 디벨로퍼인 모리빌딩은 도시재생 사업에 대한 정의를 '슈하리'라고 했습니다. "역사와 문화는 지키되 기존의 것은 부수고 새로운 것을 만든다"라는 게 그들의 도시 재생입니다. 재생은 무엇을 다시 새롭게 할 건지 고민하는 것입니다. 반면 서울시의 재생은 살리고 지킨다는 쪽에 가까워 보여요. 도시재생에서 지킬 것은 역사와 문화지, 껍데기가 아닙니다. 껍데기가 아니라 그 안에 있는 정신이든 스토리든 살려야 할 게 있으면 살려야 해요. 박물관으로만 둬선 안 됩니다. 모리빌딩은 도시재생의 정의를 이미 이렇게 정확하게 내리고 있습니다.

우리는 라이프스타일 디벨로퍼로서, 새로운 라이프스타일 창출과 풍요로운 삶에 대해 고민하고 있습니다. 이와 관련된 사람이면 누구든 생각을 공유할 수 있는 플랫폼을 만들려고 해요. 우선 서울 신사동 사무실에 오프라인 거점을 만들고, 이후 성수동으로 본사를 이전하면 제대로 해보고 싶습니다.

남는 것을 나눠도 효용이 올라가는데, 나아가 자신에게 가장 좋은 것을 공유하는 사람들이 모였을 때의 시너지는 엄청납니다. 정보, 사업, 비전일 수도 있습니다. 향후엔 개방된 공간으로 활용하며 온라인상의 플랫폼을 활성화하고 싶습니다.

온라인 기업이 플래그십 스토어를 여는 것은 무엇보다 눈에 보이는 게 있어야 한다는 절실함 때문입니다. 성수동에 오프라인 도시 문화 플랫폼을 만들고, 크리에이터와 그들의 생각들을 모을 계획입니다. 프로젝트 인턴십을 한 건 미래 크리에이터를 희망하는 사람을 채용하기 위해서예요. 요즘은 스타가 여러 가지 활동을 통해서 되는 게 아니라, 이미 스타가 돼서 나옵니다. 부동산으로 치면 펜스fence가 쳐져 있다가 완성된 모습으로 나오는 거죠. 하지만 우리는 스타가 출연하는 과정을 같이 만들어가고 싶습니다. 우리의 프로젝트를 만들기 전부터 목표를 제시하고 이걸 함께 하는 사람들을 모으고, 아이디어를 모으는 과정이 좋아요. 물론 손이 많이 가겠지만 더 손이 많이 가는 것도 해왔기에 충분히 할 만합니다.

손지호 네오밸류 대표의 'Weird point'와 '어록'

#라이프스타일디벨로퍼 #앨리웨이광교 #가로골목 #도시문화플랫폼 #어반웨이브 #성수&용산

"위어드(Weird)함을 발휘할 수 있었던 비결은
본질적인 고객가치를 생각했던 것"

○

"입지보다 중요한 것은 사람이다.
공급자 중심의 시각에서 벗어나야 한다"

○

"누군가 '그렇게까지 해야 해?'라고 하는,
더 손이 가는 일을 많이 할 줄 알아야 한다"

2

남윤주 블랙야크 팀장

블랙야크 마케팅본부 브랜드커뮤니케이션 팀장으로, '서스테이너블 패션(Sustainable Fashion)' 브랜드 '나우(nau)'와 신생 잡지 '나우 매거진'을 알리는 데 기여했다. 저성장 시대에 패션산업이 살아남으려면 환경과 윤리에 관심 많은 밀레니얼 · Z세대를 사로잡아야 한다고 강조한다.

화려한 마케팅을
거부한 마케터,

2020년 7월의 어느 날 남윤주 블랙야크 마케팅본부 브랜드커뮤니케이션 팀장을 만났다. 인터뷰 예정 시간은 오후 6시 30분. 남 팀장은 일찌감치 퇴근해 서점에 들러 산 책을 읽고 있었다. 아직 해가 지지 않아 무척이나 더운데도 테라스에서 꿋꿋하게 책을 보고 있는 모습에 웃음이 나왔다. 그는 알아주는 '북러버'다. 남 팀장이 무더위를 이겨내며 읽던 책 제목은《키키 키린, 그녀가 남긴 120가지 말》. 2018년 세상을 떠난 일본 여배우 키키 키린의 인터뷰 모음집이다. 영화〈도쿄타워〉〈일일시호일〉〈어느 가족〉등에 출연한 키키 키린은 스크린 안팎에서 멋있게 나이 든 여성으로 유명하다. 암 투병 중에도 배우 활동을 활발히 이어가며 불안하고 고독한 이들에게 많은 위안을 줬다.

우리가 만나고 나서 이틀 뒤 남 팀장은 인스타그램에 그 책의 후기를 올렸다. 남 팀장은 "'지금까지, 만족스러운 인생이었습니다. 이제 그만, 물러가겠습니다'라고 쓰인 책 마지막 페이지를 덮고 한참을 곱씹었다"라고 했다. '놀기 위해 태어났다는 사실을 잊지 않으려 한다', '이것저것 따지는 게 아니라 재미를 느끼는 게 중요하다' 등의 책 글귀도 함께 올렸다. 남 팀장은 "늘 죽기 직전 자전적 소설을 쓰는 상상을 해왔다"라면서 "그 소설의 마지막 페이지와 같이 '잘 놀다 갑니다'란 말이면 충분하겠다 생각했다"라고 했다.

독서와 잘 노는 것 그리고 SNS. 이 세 가지는 남윤주란 사람과 그가 하는 일을 설명하는 데 핵심적인 요소다. 우선 그는 끊임없는 독서로 '설득의 힘'을 길러왔으며, 이를 토대로 관습적인 마케팅 공식을 깨뜨려왔다. 남 팀장은 '유명 연예인', '빅 로고Big Logo', '물량 공세' 등의 마케팅이 대세였던 아웃도어 업계에서 유명 연예인을 쓰지 않고, 로고를 크게 드러내지 않으며, 물량 공세와는 전혀 다른 방식으로 '나우nau'라는 패션 브랜드 홍보 마케팅을 벌여왔다.

남 팀장은 잘 노는 면에서도 수준급이다. 20대 아티스트들부터 60대 이상 교수까지 교류의 폭이 넓고 깊다. 그는 이들과의 협업 결과물을 꾸준히 내놓는데, 화보 촬영을 비롯해 공간 기획, 토크쇼, 포럼 등 다양하다. '잘 논다'고 표현한 것은 협업에 임하는 그의 모습이 진심으로 즐거워 보이기 때문이다. 남 팀장은 삶의 태도와 가치관, 일상생활, 직장에서 하는 일이 모두 일관된 상태에 만족을 느끼며 그야말로 놀면서 일한다. 그가 한 매체에 고정적으로 기고하는 칼럼의 코너 이름도 '지속가능한 한량질'이다.

그는 SNS를 매우 적극적으로 활용한다. SNS에는 그 사람의 인격이 드러나기 마련인데, 남 팀장만큼 삶의 태도나 가치관이 SNS에서 잘 드

남윤주 블랙야크 팀장

러나는 사람도 드물다. 남 팀장은 SNS 공간에서 개인, 브랜드, 기업이 모두 각각의 인격체를 갖는다고 생각한다. 자신에 대한 이야기를 차곡차곡 쌓아놓은 '나카이빙(나+아카이빙)'을 통해 나(브랜드, 기업)의 정체성을 드러내고, 공감을 넘어 연대의식을 갖고 행동할 수 있다고 믿는다. 그는 이를 '디지털 생태계가 만든 초연결시대'에 경쟁력을 갖추는 방법이라고 말한다.

1 : 서스테이너블 패션 브랜드 '나우'를 론칭하며 마케팅 공식을 깨다

남 팀장은 블랙야크가 2014년 인수한 '나우nau' 브랜드를 2016년 론칭부터 3년간 맡아 국내에 알리는 데 기여했다. '나우 매거진'이란 신생 잡지의 론칭과 3개 편(포틀랜드, 타이베이, 베를린) 제작에서 콘텐츠 디렉터도 맡았다.

나우는 '파타고니아Patagonia'와 유사한 브랜드다. 파타고니아와 나이키 출신들이 미국 포틀랜드를 기반으로 만든 나우는 '친환경·재활용 소재로 옷을 튼튼하게 만들어 오랫동안 입을 수 있게 하는 것'으로 환경에 기여하려고 한다. 나우는 버려진 이불에서 얻은 깃털을 재사용해 패딩을 만들고, 페트병에서 뽑아낸 폴리에스터 원사로 옷을 만들기도 한다.

사실 다른 인터뷰이와 달리 남 팀장은 창업가가 아닌 회사원이다. 그럼에도 불구하고 이렇게 소개하는 것은 그가 그간 국내에서 생소했던 '서스테이너빌리티(Sustainability, 지속가능성)'란 개념을 확산시키는 과정에서 일개 회사원이라곤 믿기 어려운 활발한 활동과 영향력을 보여줬기 때문이다.

nau magazine
TAIPEI
n°2
nau magazine
BERLIN
n°3
nau magazine
PORT
LAND
1

나우 매거진

서스테이너빌리티는 '친환경'을 의미하는 '에코Eco'보다도 강력한 개념이다. 단순히 친환경 캠페인을 벌이는 것이 아니라 최우선 가치인 이윤을 넘어서 환경과 인권, 공정성 등을 더 중요하게 여기겠다는 기업의 가치관과 행동을 의미한다.

잘 알려진 파타고니아가 대표적이다. 파타고니아 창업자 이본 쉬나드는 암벽에 꽂는 '피톤'이란 장비로 돈을 벌어 1970년 미국에서 가장 큰 등산 장비 회사를 운영했다. 그런데 그는 피톤이 자연 상태의 암벽을 흉측하게 파괴하는 도구가 됐다고 반성하며 돌연 피톤 사업을 접어 버렸다. 이후 친환경·재활용 의류 소재 개발에 몰두했고, '꼭 필요하지 않다면 우리 옷을 사지 말라'며 고객 옷을 수선해주는 캠페인까지 벌이고 있다. 그런데도 충성 고객이 늘어 연매출 1조 원이 넘는 브랜드로 발돋움했다.

남 팀장은 2008년 글로벌 금융 위기 이후 서스테이너빌리티가 전 세계의 메가 트렌드로 부상하는 점에 주목했다. 경제성장이 역설적으로 빈부격차와 환경파괴를 심화한다는 경험이 누적되자, 소비자들이 서스테이너빌리티를 추구하는 기업을 지지하는 성향을 띠었기 때문이다. 대표적 소비재인 커피에서도 단순히 커피재배 농민들에게 정당한 대가를 지불하는 공정무역커피란 개념에서 더 나아가 환경까지 보호하며 수확한 서스테이너블 커피를 선호하는 소비자가 늘어나고 있다.

일개 회사원이었던 남 팀장의 지난至難한 투쟁은 2010년대 중반 나우 론칭을 준비하며 시작됐다. 그는 아웃도어 업계 관계자들조차 잘 알지 못했던 서스테이너빌리티의 개념을 설명하며, 국내 패션산업이 더 이상 성장만 하려고 해서는 안 된다고 강조했다. 유명 연예인을 활용한 화려한 마케팅으로 매출을 늘리기보다 환경과 윤리에 관심이 높아진 밀레니얼 세대와 Z세대를 사로잡을 진정성 있는 마케팅이 필요하다고 주장했다.

물론 그의 주장은 쉽게 먹히지 않았다. 당시 아웃도어 업계가 여전히 성장의 맛에 취해 있었기 때문이다. 주 5일 근무에 따른 레저 열풍으로 국내 아웃도어 시장 규모는 2006년 1조 원을 돌파한 이후 연평균 20~30% 고속 성장하며 2014년 7조 원을 넘어섰다. 유명 연예인을 모델로 내걸고 옷과 신발을 비싸게 팔다가 대폭 할인해주는 전략이 아직 유효한 시절이었다.

하지만 남 팀장의 예상대로 글로벌 경기 침체에 따른 저성장 국면이 지속되면서 국내 아웃도어 시장 규모는 최근 4조 원 미만으로 쪼그라들었다. 이 과정에서 수많은 아웃도어 브랜드가 폐업했다. 밀레니얼 세대와 Z세대는 최대 소비 권력으로 자리매김하며 '파타고니아', '프라이탁FREITAG', '올버즈' 같은 서스테이너블 브랜드에 힘을 실어주고 있다.

남 팀장은 서스테이너빌리티의 중요성을 남들보다 빠르게 알아채고 국내에 전파하고자 했다. 그의 예측대로 최근 서스테이너블 브랜드가 밀레니얼 세대와 Z세대의 공감을 얻고 있는 것을 보면서, 나 역시 굴지의 전통 제조 산업이 정보기술IT 산업에 권력을 내어준 역사를 떠올리게 됐다. 저성장이 지속되고 환경오염이 더욱 심각해지는 상황이다. 서스테이너빌리티를 추구하는 기업과 관련 산업에서 이직과 창업의 기회를 찾을 수도 있지 않을까.

독자들이 남 팀장의 사례를 통해 선입견과 고정관념에 맞서는 일이 얼마나 어려우면서도 중요한 일인지 깨닫고, 새로운 일을 시도할 때 참고로 삼았으면 한다.

"유명 연예인, 빅 로고, 화려한 마케팅 다 안 돼요."

남 팀장은 나우의 홍보 마케팅 전략을 세울 당시 많은 반대에 부딪혔다고 한다. "유명 연예인을 앞세워 광고해야 한다", "화려한 홍보로 주목도를 높여야 한다" 등의 조언 아닌 조언이 이어졌다.

결론부터 얘기하면 남 팀장은 고집스럽게 기존 마케팅 방식과 다른 길을 걸었다. 나우란 브랜드의 정체성을 훼손하지 않으면서도 인기를 높이기 위해선 타 브랜드와의 차별화가 필요했기 때문이다.

일반적으로 패션 산업은 환경오염에 취약한 태생적 한계를 갖고 있다. 신상품을 쏟아내며 소비자를 계속해서 자극해야 생존할 수 있기 때문이다. 이 과정에서 옷의 내구성보단 디자인이, 제작 과정의 윤리적 가치보단 빠른 생산과 폐기가 우선시 된다.

이런 관행 덕분에 패션산업은 석유산업에 이어 두 번째로 환경을 심각하게 파괴하는 산업이 됐다. 일반적으로 청바지 한 벌을 생산하는데 32.5kg의 이산화탄소가 발생하는데, 이는 어린 소나무 11.7그루를 심어야 상쇄할 수 있는 수준이다. 직조와 염색, 워싱 과정에서 사용되는 물은 약 7,000L로 우리나라 4인 가족 기준 5~6일간 사용 가능한 양이다.

나우는 태생부터 다른 브랜드였다. 나우 창립자들은 나이키·아디다스·파타고니아 등에서 퇴사한 이들이었는데, 이들은 '서스테이너블 라이프웨어'란 반자본주의적인 콘셉트로 나우를 만들었다. 생산부터 판매 이후까지 돈보단 환경과 윤리를 먼저 생각하자는 모토motto를 세웠다.

대표적으로 나우의 패딩 제작과정을 보면 그 남다름을 알 수 있다. 나우 패딩 제작은 전 유럽에서 버려진 침구·침낭이 헝가리로 모이면서 시작된다. 버려진 침구·침낭에서 추출한 다운을 솜털과 깃털로 분류해 세척·건조하고 필 파워[1] 등의 요소를 테스트해 최종 납품한다.

특히 이 같은 공정조차 친환경적·윤리적 방식으로 이뤄진다. 패딩으로 쓰기 부적합한 부러진 깃털 등은 분쇄 후 유기농 비료를 만드는 데 사용된다. 모든 세척 과정에서 사용한 물은 정화 후 농업용수로 활용한다. 모든 공정에서 사용하는 전기에너지는 태양열로 만든다.

이외에도 나우는 유기농 면을 사용하고, 농약 등 화학물질을 제한적으로 사용해 토양 오염과 물의 낭비를 최소화한다. 아동 노동을 금지하고, 공정 무역을 지키는 업체와 거래한다. 페트병에서 추출한 재생 폴리에스터나 바다에 버려진 폐그물을 재활용해 옷을 만들기도 한다.

기능성도 놓치지 않는다. 불필요한 디테일을 없애고 사용자의 활동성을 높여주는 신축성 있는 소재와 생활 방수가 가능한 원단에 집중한다.

디자인 면에서도 50년 뒤에도 세련돼 보이는 디자인을 연구한다. 유행을 타지 않으면서 오랫동안 편안하게 입을 수 있는 것이 나우의 스

1 필 파워(Fill Power): 우모 제품의 복원력. 우모의 복원력이란 개켰다가 꺼냈을 때 다시 부풀어오르는 정도를 뜻한다.

나우 매거진 포틀랜드 편

타일이다.

이런 나우의 특징들을 보면서 일부 독자는 이미 알아차렸을 수도 있을 것이다. 많은 장점들을 갖고 있지만 제조 원가와 소비자 판매가가 높을 수밖에 없는 브랜드라는 점을 말이다. 대량 공급이 쉽지 않은 친환경 소재를 사용하면서도 기능성과 디자인을 모두 만족시키는 패션 브랜드. 그야말로 이상적인 브랜드다.

남 팀장은 '유명 연예인', '빅 로고', '화려한 마케팅'이란 종전 마케팅을 고수할 경우 나우는 100% 실패한다고 봤다. 정확히 말하면 지속가능한 사업이 될 수 없을 것으로 봤다. 대신 나우란 브랜드의 스토리텔링을 깊이 이해하고 공감하는 소비자를 늘려나가야 한다고 확신했다. 일반적인 아웃도어 의류보다 비싼 값을 치르면서까지 환경과 윤리를 생각하는 고객이 필요했다.

나우를 국내 론칭 및 전개할 때 많은 어려움이 있었던 걸로 압니다.

불과 몇 년 전까지만 해도 한국 사람들은 '자신만의 라이프스타일'이 뭔지 모르거나 표현할 줄 몰랐다고 생각합니다. 한국 사회엔 프레임 같은 게 있습니다. 어떤 타이틀이 있고 그걸 벗어나면 안 될 것 같다는 강력한 구속이죠. 일종의 '타이틀 라이프스타일'인데 굉장히 획일적입니다. 의복 문화를 예로 들어볼까요? 과거에는 여자라면 회사에 갈 때 구두를 신고 치마를 입어야 한다는 생각이 당연했습니다. 개성이라곤 찾을 수 없었죠. 20대, 30대, 40대 룩look을 나눠서 얘기할 수 있는 것도 어느 나이대에는 어떤 옷을 입어야 한다는 선입견이 있기 때문입니다.

이걸 깨준 게 2012년 동아일보 기사에서 쓴 '운도녀'라는 신조어입니다. 운동화를 신고 출근하는 도시 여자를 일컫는 말인데, 힐보다는 운동화를 신고 편안하게 출퇴근하는 이들이 늘어난 트렌드를 다룬 기사였습니다. 물론 기존에도 이런 여자들이 있었지만 메이저 매체에서 다루니 확실히 달랐습니다. 전체 사회 인식이 조금 달라졌던 것이죠. 기존에 운동화를 신고 다녔던 사람뿐만 아니라 용기를 내지 못했던 사람도 가담하고 이를 안 좋게 보던 윗분들도 어느 정도 이해하게 되었습니다. '운동화를 신고 다녀도 되겠다' 이런 생각을 하는 사람들이 많아지면서 옷이 젊어졌습니다.

나우 론칭을 준비하며 우리 사회의 이런 현상들에 대해 많이 고민했습니다. 우리는 그동안 성장에 익숙한 삶을 살아왔고, 결과는 숫자로 말해야만 했습니다. 아웃도어가 활황이었지만 이 같은 성장세가 언젠간 꺾일 거라는 생각도 있었습니다. 연인관계도 불이 붙었다가 떨어지잖아요? 뭐든 오르고 내림이 있을 텐데 지속가능한 것을 추구해야 하지 않을까 하는 생각이 많이 들었습니다.

이 시기에 나우란 브랜드를 해석하면서 참 많은 책을 봤습니다. 특히, 《성장에 익숙한 삶과 결별하라》라는 책이 많은 영향을 미쳤습니다. 저성장 시대에 접어든 가운데 우리가 어떤 생활습관과 가치관을 갖고 살아야 하는지를 다룬 내용이었어요. 저 역시 성장 위주, 목적형 삶에서 벗어나야겠다고 생각했고 이를 통해 내가 행복해야 우리 아이들이 행복한 세상이 될 것 같았습니다. 나우란 브랜드를 통해 이야기하고 싶었던 것은 바로 이런 생각이었습니다.

또, 조지프 스티글리츠가 쓴 《불평등의 대가》라는 책을 보면서 나는 기업에 속해 있지만 개인이라는 것을 새삼 깨달았어요. 홍보 마케터란 포지션을 이어가려면 기업을 대변해야 하는데, 이게 나에게 어떤 이익이 있을까 했을 때 인지부조화가 생겼죠. 이때부터 사람을 대할 때 기업과 나의 입장이 동일해야겠다고 생각했습니다. 나는 A란 생각을 갖고 있는데 일은 B처럼 한다면, 과장될 수 있겠지만 나치 전범 아이히만과 다를 바 없다고 생각했습니다. 그도 그냥 시키는 대로 한 건데 전범이 된 거 아닌가요. 내가 지금 하는 일에 어떤 의미가 있고 어떤 방향성이 있는지는 내가 선택하자는 생각을 많이 했습니다.

마침 나우의 정체성과 제 생각이 같아 그걸 한국에 그대로 전달하기로 했는데, 다행히도 회사에서 다 받아들여줬습니다. 창업주인 강태선 회장님이 동의해 주고 공감해 주면서 나우를 끌고 나가는 데 힘을 얻었습니다.

또 책 얘기를 하게 되네요. 이때 《오리지널스》란 책을 봤습니다. 스티브 잡스를 비롯해서 세상을 바꾼 리더들은 구태의연한 전통을 거부하는 독창적인 사람이었다는 내용인데 에어비앤비 Airbnb, 에이스호텔처럼 진짜 창업자 정신이 있는 브랜드나 기업이 언젠간 더 성장한다는 선례를 보여줬어요. 당시 4차 산업혁명을 언급하는 게 붐이어서 많은 사람들이 신기술만 얘기하고 있었는데, 저는 4차 산업혁명이 단순히 기술 변화가 아니라 세상이 바뀌고 업이 바뀌고 있는 것이라고 생각했거든요.

어떤 사람들이 "네 주변에만 특이한 사람들이 있어서 착각하는 거야"라고 할 때마다 서점에 데리고 가서 《오리지널스》, 《또라이들의 시대》 같은 책들을 보여줬습니다. 이 책들에서는 구글뿐만 아니라 당시엔 한국에서 유명하지 않았던 넷플릭스 같은 회사들이 이미 세상의 구조에 저항하는 사람과 기업들로 분류되고 있었어요. 똘끼, 신념, 소신 이런 걸 가진 기업들이 잘된다는 걸 다룬 책이 해외에선 이미 나왔던 거죠.

나우가 생긴 게 2007년인데 비슷한 시기에 서브프라임 모기지 사태, 글로벌 금융위기가 터지면서 미국 사회를 뒤흔들었습니다. 이는 기존처럼 성장만 바라보고 살면 안 된다는 것을 의미합니다. 이후 소박한 삶에서 행복을 찾는 킨포크 트렌드를 다룬 매거진들이 많이 나왔고, 2009년엔 지구 에너지 고갈 문제를 다룬 영화 〈아바타〉가 나왔어요. 이런 생각이 우리나라에도 2~3년 안에 퍼질 것으로 보고, 나우를 있는 그대로 소개한다면 당장은 아니더라도 이해하는 사람이 많아질 것이라고 봤습니다.

구체적으로 나우를 국내에서 어떻게 홍보했는지 알려주십시오.

일단 유명 연예인을 안 쓰고 버텨 보기로 했습니다. 이에 대해 반대가 많았는데, 제 설득 근거는 신념이었어요. 왜 어떤 걸 꼭 해야겠다는 사람 측이 있잖아요. 나우 브랜드 정체성에 매료된 만큼 그걸 제대로 알려주고 싶었습니다. 굽히지 않았던 거죠.

나우를 홍보하면서 만난 사람들과 연대 의식도 강했어요. 나우가 잘돼야 서로 잘될 것 같다고 생각했어요. 사실 '반스VANS'나 '슈프림'도 그렇게 성장했습니다. 작지만 자기들을 지지해주는 사람들과 문화, 예술가 등과 함께 성장했고, 패션을 선도하는 브랜드가 된 거죠.

특히 태도에 대한 생각을 많이 했습니다. 나우라는 인격체. 페르소나persona에 대해서요. 나우는 누구랑 교류할까? 누구랑 어떤 이야기를 할까? 이런 부분에서 철저히 밀레니얼 세대에 초점을 뒀습니다. 우리를 알리려면 온라인에서 페르소나를 확실히 알려야 한다고 생각했죠. 인스타그램을 보면 개인이나 기업의 취향이 드러납니다. 그 취향을 보고 나랑 비슷한 사람인지 판단하는데, 나우라는 페로소나는 처음부터 매거진 기능을 하도록 설계했습니다. 미국 포틀랜드를 궁금해하는 사람이 나우 계정을 보게 하려는 의도도 있었습니다. 화보를 촬영할 때도 포틀랜드의 라이프스타일을 보여줄 수 있도록 설계했어요. 위어드Weird함을 보여줄 수 있는 사람들을 선정했죠. 가구 디자이너를 비롯해 무언가를 만드는 사람들이 많았는데요. 다들 자신의 정체를 설명하는 데만 한참 걸렸습니다. 우리나라는 규정하기를 좋아하죠. 그래서 '저 사람은 ~한 사람'이라고 단번에 정의하길 원해요. 당시 한 마디로 설명할 수 없는 위어드한 사람들을 쫓아다니면서 인터뷰했는데, 이들이 우리를 지지해주고 입소문을 내주면서 나우를 조금씩 알릴 수 있었습니다.

유명 연예인, 빅 로고를 안 쓰고 화려한 마케팅을 안 하는 건 물론 어려운 일이었어요. 딜레마였죠. 아무리 회장님이 "마음껏 해봐라"라고 했지만 잘해야 한다고 생각했고, 회사 내부에 저의 생각에 공감해 주는 사람이 적었습니다. 당시 너무나도 단단하게 공식화된 패션 마케팅 툴이 있었기 때문이에요.

하지만 저는 '제가 단순히 연예인 모델을 보고 소비하지 않으니 믿어 달라'고 했습니다. 나우라는 브랜드를 알리기 위해서는 고차원적인 마케팅을 해야겠다고 생각했어요. 이 같은 생각은 나우를 지지해 주는 사람들을 하나씩 더 많이 만나면서 확신으로 변했습니다. 나우 지지자들은 지적 수준이 높으면서도 구매력이 있고, 반문화적 사고를 하는 사람들이었습니다. 유명 연예인을 쓴다고 움직이는 사람들이 아니었죠.

그런데 나우의 본래 모습과 비슷한 형태로 마케팅을 안 한다? 가격 정책을 위해 환경 소재를 많이 안 쓴다? 이러면 나우 정체성은 사라진다고 생각했습니다. 나우의 정체성을 유지하기 위한 방법을 역으로 찾다 보니 이 사람들과 교류할 방법은 굉장히 세련된 것이어야 했어요. 그들 수준에 맞게 소통해야 같이 성장할 수 있겠다고 봤죠.

사실 그땐 그런 사람들이 비주류였습니다. 적어도 한국엔 나우 같은 브랜드가 많지 않았으니까요. 나우를 좋아하는 사람들은 서로 만날 때마다 정말 반가워하곤 했습니다. 외로웠던 거죠. 그때 "나만 이상한 거 아니죠?", "아니에요, 우리가 맞는 거에요" 이런 대화를 하곤 했습니다. 대안 출판이나 독립 출판사 분들과도 서로 위로해주고 지지해 줬어요.

당장 매출이나 이익을 내는 데 집중하기보다 이런 사람들의 인터뷰를 많이 따서 모았습니다. 우리를 지지해주는 분들에게 스마트폰으로 영상을 찍어서 보내달라고 했습니다. 이후 나우 현황이나 사업 계획에 대해 공개 발표를 할 때 그분들의 영상을 보여주면서 "이런 분들이 우리를 지지해 주고 있다. 우리 힘을 내서 나아가자. 우리 외롭지만 지지자들이 더 많아질 거다"라고 얘기했습니다.

나우를 하면서 가장 의미 있는 성과, 가장 큰 보람은 무엇이었나요?

아무래도 나우 매거진 같습니다. 아웃도어 회사가 도시에 관한 매거진을 낸 것만으로도 많은 화제가 됐는데요. 나우를 알아가면서 포틀랜드 도시에 대한 공부를 많이 했습니다. 우리나라 도시들과는 태생적으로 다른 점이 보였습니다.

포틀랜드는 자전거로 출퇴근하고, 친구들과 자전거로 피크닉 가는 문화가 발달해서 자전거 탈 때 입는 옷이 많이 나옵니다. 그런데 우리나라에는 아직 자전거 문화가 크게 활성화돼 있지 않죠. 자전거용 옷이 나오긴 하지만 굉장히 퍼포먼스에 특화된 옷이 대부분입니다. 아니면 아예 캐주얼해서 바이크 웨어라는 느낌이 또 안 나죠.

나우 포틀랜드 사무실

그런데 우리는 자전거 타는 문화가 덜 발달한 이유가 사람의 문제라기보다 자전거 도로가 부족해서라는 생각을 했습니다. 우리나라는 자동차 회사와 건설 회사가 도로 풍경을 만들어왔잖아요. 이런 생각들을 하다 보니 도시 전반에 대한 관심이 많아졌습니다. 우리 서울은 왜 이런 도시가 되었을까, 도시 정책이 중요하구나, 또는 사람들 의식 수준이 높아야 하는구나 등의 생각이요. 이때부터 도시라는 걸 주제로 행복을 이야기하기 시작했습니다. 나우가 이야기할 수 있는 지속가능성의 범위를 계속해서 넓히고 싶었던 거죠.

나우 매거진을 만들면서 어버니즘[2]적으로 접근했습니다. "우리는 도시에서 행복할까?", "우리 도시는 행복할까?" 이런 질문을 하면서 이에 대한 대답을 어렵지 않고 단순하게 담아냈어요. 나우 매거진은 매 호마다 하나의 도시를 선정해 그 속에 사는 사람들을 통해 지속가능한 삶에 대한

2 어버니즘(Urbanism): 도시생활에 특징적인 생활양식을 구성하는 여러 특성의 복합체. 도시성 또는 도시주의로 번역한다.

방향성을 탐구하는 로컬 다큐멘터리 잡지입니다. 2017년 미국 포틀랜드 편을 시작으로 대만 타이베이(2018년 3월), 독일 베를린(2018년 9월), 이스라엘 텔아비브(2019년 10월) 등을 다뤘습니다. 2020년 선정한 도시는 대한민국 서울입니다. 'City Scene of the Weird'를 주제로 해서 현지인들의 인터뷰와 칼럼 등을 통해 트렌드를 쫓기보다 그들의 가치관과 태도에 집중하며 경영하는 방식, 자연과 환경을 대하는 방식, 여행하는 방식을 살펴보며 새로운 시선의 변화를 다룹니다. 서적 판매 수익 중 일부는 환경단체를 위해 기부하고 있습니다.

나우 매거진이 탄생하기까지도 할 이야기가 많습니다. 우선 '부엌 boouk' 매거진을 만든 로우프레스Raw press라는 독립출판사를 알게 됐는데요. 이 매거진은 1편 '제주부엌'에선 도시를 떠나 제주도에서 생활하는 10명의 보헤미안을 다뤘고, 2편 '미니멀'에선 일본과 우리나라에 불고 있는 미니멀라이프에 대해 다뤘습니다. 로우프레스의 인스타그램을 봤는데 '우리과'인 것 같았어요. 바로 DMDirect Massage을 보내서 만났죠. 처음에는 인터뷰를 하거나 교류를 하고 싶은 마음이었는데 아예 책을 같이 만들면 어떻겠냐는 얘기가 오갔습니다.

아무래도 매거진을 내야 하니 또 생각이 많아졌죠. 우선 전체적인 내용을 담을 '그릇'이 필요했고 고정픽과 변동픽이 있어야 했습니다. '덕후를 타이틀로 할까? 위어드Weird? 리빙 나우living now?' 등을 생각하다가 본질로 오자 해서 나우란 브랜드를 모르는 사람이 많으니 '나우 매거진'으로 하자고 했습니다. 나우 뜻이 뉴질랜드 마오리족의 폴리네시안 언어로 '웰컴'이거든요. 다 받아들이겠다는 뜻이죠. 차별 없이 모든 것을 아우르며 공동체 생활을 하는 원주민들을 보며 히피hippie들은 그들의 라이프스타일로 회귀하자고도 해요. 나우 매거진이야말로 자급자족하면서도 민주적이고, 다양성을 존중하는 사람과 문화를 담을 수 있는 그릇이라고 생각했습니다.

그때만 해도 아직 포틀랜드를 모르는 사람이 많아 거리감을 느낄 수 있을 것 같았어요. 그럼 본질부터 시작하자고 해서 포틀랜드부터 다뤘습니다. 위어드한 사람들의 도시 풍경을 담아보려고 했죠. 도시는 사람들이 만드는 거잖아요? 매거진이지만 글을 많이 넣었어요. 나우 매거진 안에서는 교수도 볼 수 있고, 여행하는 사람은 물론 인문학적인 탐구를 하는 사람도 볼 수 있습니다. 도시 재생에 관심이 많은 분들을 위한 것들도 담았어요.

나우 매거진을 접한 다양한 분들에게서 피드백이 왔습니다. 나이랑 상관없이 정부 관계자들도 저희를 만나려고 했고, 북토크나 강연 제의도 많이 왔어요. 나우 매거진을 통해서 궁극적으로 하려던 게 '생각의 확산'이었는데, 이런 자리가 늘어나며 굉장히 힘이 됐습니다.

저는 독립잡지를 좋아하는데 집 앞 어느 카페를 1년 동안 모르고 지나쳤어요. 출근할 때 매번 차로 좌회전하면 안 보이는 곳이었죠. 어쩌다 한번 가보니 킨포크[3] 등을 다룬 독립 잡지가 있었습니다. 이 공간을 만드는 사람의 취향이 저와 비슷했어요. 훤칠한 부부가 만든 공간이었는데, 꽃, 공

---

3 킨포크(Kinfolk): 친척, 친족 등 가까운 사람이라는 뜻으로, 가까운 사람들과 어울리며 느리고 여유롭게 자연 속에서 살려는 현상.

간 등을 다 기획해서 그들의 일상이 녹아들어 있었죠. 그래서 SNS로 소통했고 이후 그 공간이 저에게 아지트 같은 곳이 됐습니다.

그러면서 저는 막연하게 나의 결과물이 저 서점에 들어가면 좋겠다고 생각했습니다. 나우를 론칭했을 때 나우에 대해 소개하는 책을 작게 만들었는데 그 서점에 살짝 두고 오기도 했습니다. 지금은 그 서점에서 나우 매거진을 모두 판매하고 있습니다.

나우 매거진을 기획할 때 어디에도 없는 작품을 완성도 있게 만들자고 다짐했어요. 매거진 각 호마다 겉표지 색상도 빨주노초파남보로 순서를 맞췄습니다. 사소한 것일 수도 있지만 이런 디테일한 부분까지 알아보고 연락하는 분들도 있었어요. 학계에서도 연락이 오고, 교류가 많아지면서 나우 매거진을 통해 화두로 던지고 싶었던 것들이 더욱 빨리 공론화될 수 있어서 좋았습니다.

특히, 고무적인 것은 환경부에서 지속가능 패션에 대해 관심을 갖게 되었고, 서울패션위크에서도 지속가능 패션을 다루게 된 것이었죠. '지속가능 윤리적 패션허브'라는 플랫폼도 생겼습니다. 이 시기에 한국에선 나우, 파타고니아, 래코드RE;CODE 등 3개 브랜드가 관련 행사가 있을 때 아이템 발제를 하거나 협업을 하곤 했습니다. 2019년 11월에는 포틀랜드가 있는 미국 오리건주의 주지사가 방한하면서 나우에 감사패를 주기도 했습니다. 모종린 교수님을 알게 된 것도 의미 있는 일이었어요.

모 교수님은 《라이프스타일 도시》, 《골목길 자본론》 저자로 유명하신데, 한국에서 포틀랜드를 가장 먼저 그리고 많이 말씀하신 분입니다. 이분에게 인스타그램 DM을 보냈더니 바로 피드백을 주셨어요. 칼럼을 요청할

명분으로 찾아뵈었는데 이후 나우 매거진 행사 때도 와주시고, 그분이 하는 도시 재생 관련 플랫폼에도 초대해 주셨습니다. 나우 매거진 덕분에 모 교수님을 만났고, 도시 경관을 바꾸고 싶어 하는 사람들을 더 많이 알게 됐죠.

나우 매거진을 보고 입사한 친구들도 많았습니다. 우리는 패션사업을 하는 사람들이니 건축하는 분들이 오시진 않지만 글을 쓰던 친구들이 온다든지, 인문학 쪽에 있던 분이 마케팅에 지원한다든지, 더 큰 기업에 있던 분이 연봉을 깎으면서까지 찾아온다든지 등 변화가 많았습니다.

나우 매거진의 영향으로 새로 들어온 분들과 대화하며 생각이 달라진 기존 직원들도 많았습니다. 기업이나 브랜드가 태도를 가지려면 그 안의 집합체들의 생각이 대체로 같아야 한다고 생각합니다. 안 그러면 브랜드를 끌고 갈 수가 없기 때문이죠. 직원들이 밖에서 서로 다른 얘기를 하고 다니면 브랜드의 일관성이 없어집니다.

오랜 역사를 가진 브랜드의 장점 중에는 그 브랜드가 추구하는 걸 알고 입사하는 사람이 많다는 것도 있습니다. 결과적으로 브랜드 내부와 외부에서 공감하고 지지해 주는 이들이 많아지죠. 나우를 알게 된 사람들이 알아서 찾아오니 더욱 다양한 곳에서 관심을 받게 되는 선순환이 생겼습니다.

2 : 패션회사 블랙야크가 UN의 '지속가능한 발전목표'에 동참하게 된 배경은?

홍보와 마케팅을 주로 해온 남 팀장에게 일어난 가장 큰 사건이라면 단연 지속가능한 발전 목표의 등장을 꼽을 수 있다. 지속가능한 발전을 위한 각국 공통의 목표를 뜻하는 SDGs Sustainable Development Goals는 유엔 UN이 2015년 총회에서 주창한 개념이다. ◆빈곤퇴치, ◆기아해소, ◆건강증진과 웰빙, ◆교육의 질, ◆성평등, ◆깨끗한 물과 위생, ◆저렴하고 깨끗한 에너지, ◆경제성장/좋은 일자리, ◆산업 혁신 및 사회기반시설, ◆불평등 감소, ◆지속가능한 도시와 커뮤니티, ◆책임감 있는 소비와 생산, ◆기후행동과 해양보존, ◆육상생태계 보호, ◆평화/정의/제도 개선을 위한 파트너십 등을 목표로 삼고 2030년까지 이를 달성하자는 내용이다.

남 팀장은 모호하고 추상적으로 보이는 개념을 쉽게 전달할 수 있는 '언어'가 생기는 것만큼 반가운 일은 없다고 말한다. 특히, 권위 있는 기관의 입에서 나온 언어일 경우 그 효과는 더욱 커진다고 설명한다. 국내에서 지속가능성에 대해 설명해야 하는 남 팀장에게 UN이 주창한 SDGs는 그의 생각과 말이 더 이상 '비주류'가 아님을 보여주는 강력한 근거가 됐다.

2016년 당시 반기문 UN 사무총장이 칸에서 연설하던 순간을 남 팀장은 결코 잊지 못한다. 반 총장은 칸 라이언즈 페스티벌(前 칸 국제광고제) 무대 기조연설에서 다음과 같이 말했다.

"광고인 여러분은 스토리텔러이자 크리에이티브의 힘을 가지고 있습니다. 가난 퇴치, 불평등 퇴치, 차별 퇴치 프로젝트를 도와주세요. 인류가 아무도 소외되지 않도록. 우린 글로벌 가난을 종식시킨 첫 세대이자 기후변화를 겪을 마지막 세대입니다. 가난, 불공정, 불평등이 우리의 지속가능한 성장을 방해하고 있습니다. 이 문제는 어느 한 국가가 해결할 수 없습니다. 모든 국가, 세대, 성Gender이 동참해야 하며 특히 민간 기업이 중요합니다. 그저 할 일만 했다는 안도감을 주는 CSR(Corporate Social Responsibility, 기업의 사회적 책임)에서 한 걸음 더 나아가야 합니다. 저는 여기 매드맨(Mad Men, 미국 드라마 제목을 따라 광고인을 일컫는 말)들에게 브리프(Brief, 광고인들에게 주어지는 캠페인 주제)를 주러 왔습니다."

반 총장은 마치 캠페인 의뢰를 하러 온 광고주처럼 SDGs의 구체적 실행을 위한 글로벌 캠페인 확산을 호소했다. 반 총장과 함께 무대에선 옴니콤Omnicom, WPP, IPG, 하바스Havas, 덴츠電通, 퍼블리시스Publicis 등 세계 6대 광고 지주회사 회장들은 3,000여 명의 크리에이터들 앞에서 SDGs를 주제로 광고 캠페인 확산에 동참하겠다고 선언했다. '자본주

블랙야크의 리사이클 다운 공정

의의 꽃'으로 불리는 광고 행사에서 SDGs가 중요한 화두로 떠오른 것이다. 이후 SDGs를 반영한 캠페인이 칸 라이언즈의 수상작이 되는 사례가 늘었고, 2019년엔 SDGs 부문이 신설되기도 했다.

SDGs 결의 후 환경·빈곤·기아 등 사회 이슈에 적극적으로 목소리를 내면서 지속가능한 개발에 대해 고민하는 글로벌 기업이 늘어나고 있다. 특히, 한국에서는 (주)비와이엔블랙야크(2020년 2월 변경된 (주)블랙야크의 사명)가 제품을 비롯해 마케팅, 캠페인 등 경영 전반에서 SDGs 실천을 위한 다양한 활동을 펼쳐오고 있다. 나우뿐만 아니라 블랙야크BLACKYAK, 마모트MARMOT 등 관계사 브랜드 전반에서 동시다발적으로 움직임을 보인 것이다. 남 팀장은 "회사뿐만 아니라 업계 관계자들이 SDGs를 지지할 수 있도록 칼럼을 쓰고 미디어의 관심을 촉구했다"라고 말했다.

특히, 블랙야크는 환경적으로 지속가능한 제품을 만들기 위해 활발한 연구개발을 계속하고 있다. 2020년 5월에는 SM그룹의 화학섬유 제조기업 ㈜티케이케미칼과 업무협약을 체결했다. 국내에 버려진 페트병을 재활용해 재생섬유의 수입 의존도를 낮추기 위해서다. 블랙야크는 2020년 초 '뉴라이프텍스' TF팀을 구성해 페트병 수거부터 재생섬유 추출, 최종 제품 생산, 판매까지 티케이케미칼과 함께 하고 있다. 국내에서 버려지는 페트병의 자원 순환 모델을 구축 중이다. 단순한 자원 재활용을 넘어 기술력을 더한 고기능성 아웃도어 제품들을 꾸준히 출시할 것으로 보인다.

블랙야크가 티케이케미칼과 협업해 국내 최초로 국내에서 사용된
일회용 페트병의 재생섬유를 사용해서 만든 티셔츠

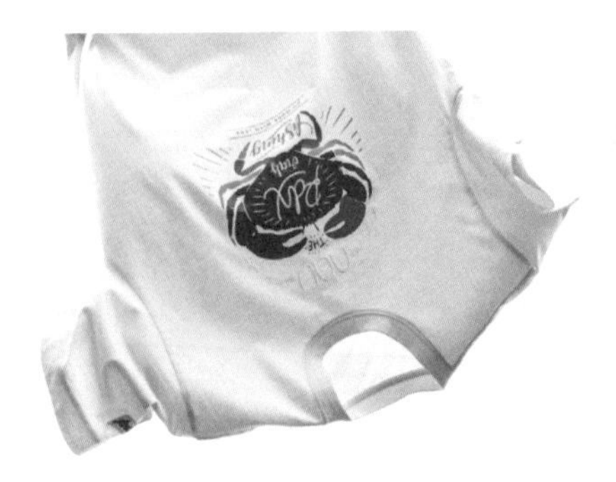

친환경 소재를 활용하여 윤리적인 방식으로 생산한 나우 티셔츠

남 팀장은 블랙야크가 8년째 펼치고 있는 '클린 마운틴 365' 캠페인도 SDGs 경영의 일환이라고 설명했다. 국내 최대 규모 산행 커뮤니티 플랫폼 '블랙야크 알파인클럽' 16만 명의 회원들과 함께 산에 버려진 쓰레기 문제를 해결하려는 캠페인이다. 최근에는 이 캠페인을 히말라야까지 확장했다. 사막화와 대기오염 심각성을 알리는 프로젝트도 진행 중이다.

블랙야크 알파인클럽은 지역경제 활성화에도 긍정적인 영향을 주고 있다. 블랙야크는 해당 플랫폼을 통해 '명산100', '섬앤산100', '백두대간 에코 트레일', '낙동정맥' 등 다양한 산행 프로그램을 운영하며 지

블랙야크의 클린 히말라야 트래킹

역 관광객을 늘리는 역할을 하고 있다.

비와이엔블랙야크는 UN SDGs 협회에서 발표한 '2019 UN 지속가능개발목표경영지수' 평가에서 최상위 기업에 선정됐다. 최우수 그룹 중에서는 유일한 패션기업이며 아웃도어 중에서는 단독으로 등재됐다.

아직도 SDGs를 모르는 사람들이 많은 것 같습니다. 비와이엔블랙야크가 SDGs를 일찌감치 주목하고 실천한 이유는 뭔가요?

비와이엔블랙야크는 아웃도어 라이프스타일 회사입니다. 자연에 뿌리를 두면서도 어쩔 수 없이 옷을 만들어야 하죠. 패션산업은 섬유산업에 이어 두 번째로 환경을 심각하게 파괴합니다. 아름다운 모델과 가성비만을 앞세워 욕망을 부추기는 것은 의류 생산과 폐기를 반복하는 불편한 진실을 의도적으로 가리는 측면이 있습니다.

패션산업을 윤리적인 방법으로 지속가능하게 하려면 생산부터 소비에 이르는 전 과정에서 기존의 모든 관습과 고정관념을 탈피해야 한다고 생각했습니다. 누가 만들었고, 무엇으로 만들었는지, 어떻게 입을 것인지 이런 모든 과정이 근본적으로 변화해야 한다고 봤어요.

특히, 초연결 시대를 맞아 디지털 생태계에서 살아가는 소비자들은 아주 엄격한 잣대로 기업을 바라봅니다. 진정성 없는 얄팍한 상술이나 선심 쓰듯 이루어지는 CSR 활동에는 피로감을 느끼고 오히려 불편해하기까지 합니다.

저는 자연으로부터 탄생한 블랙야크든 지속가능성을 이야기하는 나우든 모두 진정성을 갖고 인류와 환경에 기여해야 한다고 확신했습니다. SDGs가 발표되고 나자 아웃도어 회사의 미션이었던 것이 점점 소명으로 느껴지게 됐죠. 인류 최대의 목표가 생긴 만큼 기업이 구체적으로 행동해야 하고, 소비자와 정부의 인식도 바뀌어야 한다고 생각했습니다. 비와이엔블랙야크가 SDGs의 성공적인 사례가 돼서, 누군가가 SDGs의 중요성을 이야기할 때 설득할 수 있는 근거가 될 수 있으면 좋겠다고 생각했죠.

특히, 저는 2019년 초부터 '인류세人類世'란 용어를 많이 언급하고 다녔는데요. 이 용어를 꼭 알아주셨으면 좋겠습니다. 2019년 초 EBS 창사 특집 3부작 다큐멘터리 〈인류세〉에서 다룬 내용이기도 합니다. 인류세란 용어는 노벨화학상 수상자 폴 크뤼천이 2000년에 처음 제시한 용어입니다. 폴 크뤼천은 지금의 지구가 이전과 반드시 구분돼야 한다면서 지금은 새로운 지질학적 시대인 '인류세'라고 주장했습니다. 인류가 나타나기 전 지구에는 다섯 번의 대멸종이 있었고, 현재 우리는 약 1만 년 전 시작된 '홀로세沖積世'에 살고 있습니다.

세계적 석학들은 인간의 자연환경 파괴로 6번째 대멸종이 시작됐다고 말합니다. 1950년대 진행된 핵실험과 플라스틱 등 인공물의 증가, 이산화탄소와 메탄 농도의 급증, 대기·수질·토양 오염 증가, 지구 온난화의 급격한 확대 등이 지구 시스템Earth System 전반에 빠른 속도로 엄청난 영향력을 끼치고 있기 때문입니다. 과거에는 두서너 세대는 지나야 이뤄지던 변화가 지금은 순식간에 진행되고 있습니다.

2009년 국제지질연합 IUGS 산하의 국제층서위원회 ICS는 인류세 연구를 위해 미국, 영국, 프랑스 등의 과학자들로 구성된 '인류세워킹그룹 AWG'을 만들었습니다. AWG는 20세기 중반을 인류세 시작으로 보고 있고, 그들의 의견을 2021년 국제층서위원회에 공식 제안할 예정입니다.

2019년 구글 트렌드로 검색어 순위를 확인해 보면 해외에선 '4차 산업혁명'보다 '인류세'가 월등히 높게 나왔다고 합니다. 여전히 우리나라에선 '4차 산업혁명'을 자주 언급하며 기술이 가져다줄 장밋빛 미래를 강조합니다. 4차 산업혁명을 많이 검색한 나라는 우리나라와 동남아 국가, 남아프리카공화국 정도입니다. 기술과 산업 발전이 초래한 불편한 진실보다 새로운 기술을 기반으로 더욱 성장할 수 있다는 데 주목했기 때문이죠.

《이것이 모든 것을 바꾼다-자본주의 대 기후》의 저자 나오미 클라인은 "기후 혼란이 세계의 모든 것을 변화시키도록 지켜만 볼 것인가, 아니면 기후 재앙을 피하기 위해 경제의 모든 것을 변화시킬 것인가?"라며 우리가 갈림길에 서 있다고 강조합니다. 후세를 걱정할 게 아니라 당장 우리 세대의 미래가 불투명해진 상황입니다.

우리는 그동안 기업은 '이익 추구'를 위해 존재하며 기업의 사회적 책임은 비즈니스보다 우선될 수 없다고 생각해 왔습니다. 가해자이며 피해자인 우리가 할 일이 여전히 이익만을 추구하는 것일까요? 저는 기업의 용기와 실천이 세상을 변화시킬 수 있다고 생각합니다. 특히, 트렌드에 민감한 패션기업들이 선한 영향력을 발휘한다면 사업과 환경을 모두 지속가능하게 할 수 있을 겁니다. 단순히 자연을 보호하자는 게 아니라 구조적인 모든 것을 바꿔야 해요. 친환경을 넘어 소비하는 방식, 입는 방식, 경영하는 방식 등을 아우르며 세상을 바라보는 태도의 전환이 절실합니다. 이는 창업주뿐만 아니라 브랜드와 관련된 모든 구성원들에게 해당하는 얘기입니다. 유니레버 Unilever 마케팅 책임자 키스워드가 브랜드의 미래를 'I의 n제곱'으로 정의 내렸듯이 개인 영향력의 효과를 뜻하는 'I'를 여러 번 곱할 수록 브랜드의 파워는 강해집니다. 브랜드 구성원들의 사고방식과 진정성, 영향력이 외부에서는 브랜드를 대표합니다. '나는 어떻게 살아야 하는가?'라는 물음에 답하며 기업과 세상을 바꾸기 위해 적극적으로 행동하는 이들이 많아졌으면 좋겠습니다.

코로나19 사태로 잊고 있던 가치의 소중함을 이야기하는 사람들이 많아졌습니다. 특히, 자연과 환경을 더욱 중요하게 생각하게 된 것 같아요. 아웃도어 회사 입장에서는 긍정적인 부분도 있을 것 같은데요?

코로나19 사태는 아니었지만 비슷한 상황에 대한 우려는 하고 있었습니다. 인류세를 계속 얘기하는데요. 저는 오래 지나지 않아 재앙이 올 것으로 생각했어요. 영화 〈아바타〉를 보면 첫 장면에 인간들이 방독면을 쓰고 기능성 옷을 입고 회색 도시를 걷는 게 나옵니다. 2035년이 배경이지만 이 영화를 분석하면서 지금과 같다고 생각했어요. 아름다운 행성의 원주민인 나비족은 아무것도 소유하고 있지 않습니다. 유토피아 사회는 아무것도 소유하지 않고 사는 공동체 사회였던 거죠. 지능은 높지만요.

그런데 인간들이 나비족 삶의 터전을 빼앗으러 갑니다. 인류세에 발생할 재앙도 이와 비슷할 것 같아요. 영화 〈아바타〉는 아티스트들이 현실을 빗대서 표현한 대표적 사례입니다. 단순히 환경을 보호하자는 게 아니라 멸종이 시작됐음을 현대미술이나 패션업계에선 이미 인정하고 공론화하고 있습니다.

요즘 코로나19 이후의 삶을 많이 이야기하는데요. 저는 사실 4년 전부터 똑같은 얘기를 해왔습니다. "나는 어떻게 살아야 하나", "우리는 어떤 라이프스타일을 추구해야 하나"라는 자기 반성을 해보자고요. 최근 남녀노소 불문하고 산을 많이 찾는 것도 비슷한 맥락이라고 봐요. 저는 생각이 많아지면 공원이나 하천을 찾습니다. 혹자는 나이 들어서 그런 거라고 말하기도 했지만, 이미 20대들도 꽃 사진을 찍어서 SNS에 공유하고 있어요. 트렌드에 빠른 친구들이 인스타그램에 올린 게시물을 보면 산에 가고 어딘가를 걷고 있습니다. 그 친구들은 나 여기 왔다고 뽐내려는 게 아니에요. 인위적으로 찍는 게 아니라 점점 날것을 추구하고 있는 게 보입니다. 저는 코로나19가 종식되더라도 자연을 찾는 이들이 더 많아질 것이라고 생각해요. 새로움New과 복고Retro를 합친 신조어 뉴트로New-tro의의 끝은 자연이라고 생각합니다. 사람들이 자연을 제일 먼저 찾았던 이유는 트렌드를 추구해서가 아니라 주변의 익숙한 것에서 벗어나 설레는 것을 스스로 발굴하기 위해서였을 거예요. 이전에는 어디 가서 보여주려는 과시욕이 컸다면 이제는 나만의 취향과 라이프스타일을 드러내는 성향이 커지고 있는 거죠. 점점 더 많은 밀레니얼 세대들이 그런 이유로 산을 찾고 있고 주변에 건강하고 긍정적인 영향을 주고 있습니다.
몇 년 전까지만 해도 산에 간다고 하면 우리나라 사람들이 떠올리는 그림이 있었어요. '아재스러운' 패션과 포즈와 꽃, 나무 사진 이런 것들입니다. 낚시도 마찬가지예요. 전형적으로 떠올리는 아저씨들의 모습이 있었죠. 왜 우리는 이런걸 아재스럽다고 생각했을까요?

저는 여기에 우리나라가 고도 성장해온 것이 미치는 영향이 크다고 봅니다. 미국 포틀랜드를 비롯해 유럽의 여러 도시들을 보면서 이들의 경제성장 모델에 주목해봤어요. 이들은 비교적 안정적이고 꾸준하게 성장해온 덕에 부모의 라이프스타일과 나의 라이프스타일이 크게 다르지 않았습니다. 그런데 우리나라 사람들은 부모 세대에 했던 게 나와는 맞지 않는다고 생각하는 경향이 있었어요. 그들이 했던 것은 다 아재스러워 보인다는 프레임에 갇혀 있었던 거죠.
저는 이걸 깨뜨리려고 애썼습니다. 미국과 유럽 사람들은 아웃도어 활동을 쿨한 라이프스타일로 여긴다는 것을 국내에 확산시키려고 했죠. 그러면서 산이 아니라 자연이라는 걸 강조해야겠다고도 생각하게 됐습니다.
나우를 담당하다가 2019년부터 블랙야크를 총괄하고 있는데, 갑작스런 역할 변화에 뭔가 갈 길을 잃은 느낌이었습니다. 방황도 많이 했죠. 이때 《숲에서 우주를 보다》라는 책을 봤어요. 이 책을 통해 '인간적'이라는 말조차 '인간중심적'이라는 걸 깨닫게 됐습니다. '우리가 숲을 생각한다'가 아니라 '숲은 생각한다'로 보는 게 맞았죠. 숲이 이 세계를 보면 인간들은 하나의 미물에 불과해요. 인간들이 자연을 훼손하고 아파트를 짓고 이런

블랙야크 브랜드 필름 'MADE FOR MISSIONS'

것들을 숲이 보면 "이러면 안 된다"라고 경고할 것 같았어요.

이 책을 보면서 '블랙야크는 도시가 아니라 숲에 대한 얘기를 할 수 있는 그릇이구나' 싶었습니다. 나우는 도시환경을 이야기했다면 블랙야크는 정말 우리 지구에 대한 얘기를 할 수 있는 그릇이었던 거죠. 블랙야크를 통해 아이들이 자연을 지키고 싶은 마음을 갖게 해주자고 생각했습니다. 자연 속의 작은 변화, 계절의 변화를 보면서 아이들이 호기심을 갖고 인문학적 소양도 높아질 것이라고 봤죠.

나우를 하면서 우리가 갖고 있는 큰 역량을 잊고 있었던 것 같아요. 우리가 제품만 파는 게 아니라, 자연 속에 사는 삶이란 가치를 전달할 수 있는 힘을 가진 기업이라는 걸 새삼 깨달았죠. 블랙야크가 자연을 보호하는 데 앞장선다면 소비자들도 자연을 지키는 행동에 나서게 하는 팬덤을 만들 수 있다고 봤습니다. 이때부터 일이 더 재밌어지고 의미도 더 생겼습니다.

사실 나우를 할 때나 블랙야크를 할 때나 같은 개념이었어요. 나우는 좀 더 규모가 작으니까 뭔가를 빨리 기획해서 해볼 수 있다는 데 '부심'이 있고, 블랙야크는 규모가 크니까 투박해 보일 수 있었지만 영향력이 크다는 장점이 있습니다. 나우와 블랙야크 둘 다 일해 보니 나우에서 얻었던 생각과 노하우를 블랙야크에 이식할 근육이 생긴 것 같아요. 나우를 확장해 본 것처럼 블랙야크의 저변을 넓히면서도 디테일한 의미를 전달하는 언어를, 마케팅을 생산할 수 있는 힘이 생겼습니다.

CEO의 메시지를 전달하는 일부터 홍보, 마케팅까지 같이 하니까 브랜드를 인격체로 만들고 보여주기에 좋은 점도 있었습니다. 각각의 과정을 따로 담당했으면 균형 잡히고 일관된 태도를 취하는 데 어려움이 있었을 것 같아요. 계속 강조하지만 브랜드 저널리즘이 중요합니다. 브랜드가 무슨 말을 하고 어떤 태도를 갖고, 어떻게 글로 표현을 하는지요. 언론과의 교감도 중요하다고 생각해요. 저는 기자들에게 우리를 홍보해 주기보다 아웃도어 업계의 부족한 점을 많이 지적해 달라고 합니다. 그래야 기사를 보고 변화하는 사람이 많아지니까요. 우리 업계가 변화할 수 있는 팁을 언론에 많이 전달하면서 관련 기사가 나올 때마다 회사에 보고했습니다. 저만의 이야기가 아니라 우리 모두가 공감할 수 있는 이야기라고 말이죠.

3 : "좋아하는 것과 일을 일치시키며 살아갈 수 있다"

팀장님은 자신의 일을 좋아하고 만족하는 것으로 보입니다. 그래서 더욱 진정성이 느껴지는데요. 사실 내가 좋아하는 일만 할 수 있는 사람은 많지 않습니다. 내가 좋아하는 일이 아닌데 진정성을 갖는 건 어렵지 않을까요?

그 문제에 관해서 저는 관점을 바꿔봤어요. 내가 좋아하는 일을 하는 게 아니라 내가 하는 일을 좋아하는 방향으로요. 내가 하는 일을 사랑하며 행복하자고 관점을 바꿔봤더니 다른 게 보였습니다. 우리가 사는 동네도 비슷해요. 우리는 동네가 뭐가 마음에 안들고 한국은 뭐가 아쉽고 이런 얘기를 많이 하죠. 저는 동네 뒷길이나 뒷산 이런 데를 혼자 가보기 시작했습니다. 뒷산을 넘어가 봤는데 그 동네가 너무 예쁘더군요. 이렇게 좋은 산이 우리 동네에 있다는 게 감사했어요. 지금 갖고 있는 것에서 의미를 찾고 행복을 찾는 게 좋은 것 같습니다. 계속 그 안에서 좋은 점을 발굴하고 찾고…. 소확행일수도 있지만요.

저희 아버지는 PD였는데, 집에서 종종 새벽에 작가들이랑 소주 한잔하시면서 작품 얘기를 하셨습니다. 저에겐 회사원이 아닌 걸로 보였어요. 그 모습을 보면서 '워라밸이란 게 단순히 나인투식스(9시 출근, 6시 퇴근)를 말하는 게 아니라 몰입하는 거구나' 하고 생각했어요. 예를 들어 배우들은 6시가 된다고 해서 일이 딱 끝나는게 아니라 어느 순간이든 필요하면 몰입하잖아요. 쑥 들어갔다가 쑥 나오지 못하는 거죠. 저는 그게 당연하다고 생각했어요. 뭐든 내가 몰입하면 사랑할 수밖에 없고 내가 사랑해야 남들이 그것을 사랑하게 만들 수 있다고 봅니다. 내가 나를 사랑해야 남이 나를 사랑하듯이요. 내가 계속 몰입하다 보면 그 일이 행복하고 진정성을 갖게 되고, 이런 생각을 라이프스타일로 실현하면서 내가 성장하는 것 같습니다. 이건 굉장히 행복한 일이에요.

〈백종원의 골목식당〉을 보는데 백종원 씨가 어떤 분에게 떡볶이를 사랑하면 이렇게 못 만든다고 얘기하더군요. 그걸 보면서 상상해 봤습니다. '내가 떡볶이 가게를 한다면 어떻게 할까? 전국을 다 돌아다니면서 다 먹어보고 고민하겠지?' 싶었어요. 무슨 일을 하느냐가 중요한 건 아닌 것 같습니다. 태도가 중요한 거죠. 이걸 디깅(깊이 판다)한다고 하기도 하고 오타쿠 기질이라고도 합니다. 이런 건 누가 시킨다고 되는 게 아닙니다. 이어서 '그러면 우리 아이들을 어떻게 키우면 되지?'를 생각해 보게 됐어요. 우리 아이들도 행복하게 몰입했던 순간이 있다면 그걸 이어갈 수 있을 것 같았기 때문입니다.

취업준비생이나 이직, 창업 희망자가 어떤 일을 재밌게 할 수 있을까 고민할 때 추천할 만한 분야가 있을까요?

저도 직장인이니 제 얘기를 해보겠습니다. 기업에서 어떤 영향력을 갖는 건 재밌지만 한계도 분명 있다고 생각합니다. 제가 기업에 있는 한 마음껏 말하지 못하거나 눈치 볼 수밖에 없는 부분이 있죠. '직장인이란 신분을 벗어던지고 일해 볼까?' 하는 생각도 많이 해봤습니다. 하지만 나는 이 자리에 있던 사람이니까 하던 일과 브랜드를 더 성장시켜보자 하는 게 아직까지는 있어요.
지금 하고 있는 일에 더 의미를 두고 몰입해야 새로운 일을 시작하는 데도 도움이 된다고 생각합니다. 몰입하다 보면 5, 10년 후에 굉장히 커지거든요. 아르바이트를 하더라도 주인처럼 기쁜 마음으로 손님을 대하는 마음은 좋은 리더의 덕목이에요. 자기 직업과 관련해서 무슨 일을 하든 행복해하며 몰입하면 어떻게든 기회가 온다고 생각합니다. 주위에서 그 사람이 괜찮다고 말하면서 그 가능성은 더 높아지죠. 특별한 무엇을 하는 것보다 어떤 태도를 갖느냐의 문제인 것 같습니다.
창업 고민도 해봤습니다. 기업들이 바뀌어야 사회가 바뀐다고 늘 얘기하고 다니지만, 스스로에게 '꼭 지금 다니는 이 기업이어야 하는가?'라는 질문을 안 한 건 아니에요. 하지만 특별히 새로운 어떤 기업에 가고 싶진 않았습니다. 저의 능력을 더욱 필요로 하는 곳에서 더욱 연대하고 협업할 수 있는 일을 해보고 싶다는 생각은 해봤지만요. 지금은 현재의 자리에서 얻는 성취감에 만족합니다. 블랙야크의 새로운 시도에 놀라는 사람들이 많거든요.

저의 모토는 한량閑良입니다. 패션포스트에 기고 중인 칼럼 제목도 '레이첼의 지속가능한 한량질'이죠. 전 어떤 프로젝트를 시작할 때 우선 책부터 삽니다. 효율성을 따지기보다 내가 이 프로젝트를 하니까 당연히 이 정도는 읽어야 하지 않나 하면서 관련 책을 읽는 시간이 너무 좋아요. 스물네 살에 스포츠 마케팅 관련 일을 시작했을 때도 책을 읽고 관련 교수님을 찾아갔습니다. 내가 스포츠 마케팅 프로젝트를 하고 있으니 대화해 볼 명분이 있지 않나 생각했어요. 그때 주변 사람들은 뭘 그렇게까지 하느냐며 시간 낭비라고 했습니다. 그럴 시간에 일을 더 빨리 하라고 했어요. 그 말도 틀린 건 아니었지만, 저는 그렇게 일해야만 하는 사람이었습니다.
일할 때 그것과 관련된 영화를 보거나 전시를 보면서 제 시간을 쓰고 있었어요. 퇴근해서도요. 사업 계획을 발표하기 앞서서도 책만 계속 읽었

화려한 마케팅을 거부한 마케터,
"지속가능한 한량(閑良)이 되고 싶어요"

습니다. 10일이란 시간이 있으면 마지막까지 방황하다가 하루 만에 준비하곤 했죠. 아직도 그래요. 무슨 일을 하게 되면 주말 내내 어디든 돌아다니면서 사람을 만나고 영감을 받곤 합니다. 일하면서 즐기고 또 그게 내 일상이 되고. 경계가 모호해지면서 즐기며 사는 제가 한량이라고 생각해요.

사람은 교류를 다양하게 해야 성장하는 것 같아요. 인정받고 싶은 욕구는 누구나 있죠. 근데 그걸 누구에게 인정 받을지는 내가 선택할 수 있어요. 누군가는 인정 욕구가 내부에서만 채워지는 사람이 있어요. 그 조직 안에서만 능력을 인정받으려면 굳이 바깥의 사람까지는 생각하지 않아도 되죠. 그런데 교류를 많이 하는 사람일수록 나에게 엄격해집니다. 예컨대 디자인으로만 인정받으려던 사람이 소비자나 마케팅 담당자와 교류하다 보면 제품력이나 마케팅 전략까지도 고려하며 노력하게 되죠.
교류를 통한 엄격함은 SNS 공간에서도 활용할 수 있습니다. 소셜미디어의 순기능 중 하나는 자료를 모으고 관리하는 '아카이빙'인데요. 나의 생각과 태도, 하는 일들을 모아놓은 게 '나카이빙'이라고 생각해요. SNS는 나카이빙을 하기에 최적화된 곳이죠. 저의 라이프스타일을 보여주고 일관되게 쌓아온 경험과 가치관 등을 공유하다 보면 제가 새롭게 할 일에 대해서 엄격한 기준을 적용할 수 있게 됩니다. "내가 하는 프로젝트가 나 자신에게 어울리는 것인가?", "나를 보는 다양한 사람들에게 내가 이런 일을 하는 것을 알릴 수 있을까?"를 고민해 봤을 때 가능하다면, 그게 자신만의 기준이 된다고 생각합니다.

남윤주 블랙야크 팀장의 'Weird point'와 '어록'

#지속가능한패션 #환경 #윤리 #성장에익숙한삶과결별 #UN #SDGs #나우 #나우매거진

"개인, 브랜드, 기업 모두 SNS에서 인격체를 갖는다.
진정성 있는 스토리텔링이 필요"

∘

"환경과 윤리를 생각하는 밀레니얼 · Z세대를
사로잡아야 한다"

∘

"내가 하는 일을 사랑하고 행복하자고
관점을 바꾸면 다른 게 보인다"

위어드 피플,

그들의 자취

김재연 정육각 대표

1

1991년생으로 한국과학영재학교와 한국과학기술원(KAIST) 수리과학과를 졸업했다. 미국 국무성 장학생으로 선발돼 유학을 앞둔 상황에서 2016년 돌연 정육 사업을 시작했다. 응용 수학을 전공해 교수가 되려던 꿈을 접고 완전히 새로운 길을 걷고 있다.

그는 좋아하는 돼지고기를 가장 맛있게 먹는 법을 찾다 창업을 결심했다. 도축한지 4일이 넘지 않은 돼지고기를 맛봤을 때의 감동을 일반 소비자와 공유할 수 있다면, 엄청난 사업 아이템이 될 것이라고 생각했다. 지속 불가능한 일로 보였지만, 그는 IT 기술로 해결책을 찾았다. 재고가 남지 않도록 인공지능(AI) 기계학습으로 수요량을 정확하게 예측하고, 제조 · 유통 단계를 획기적으로 줄였다.

그는 돼지고기에 이어 소고기, 닭고기, 달걀, 우유, 수산물, 밀키트 등으로 사업 영역을 확대하고 있다. 취급 상품이 다양해졌지만, '초신선'이라는 차별화 전략을 모든 부문에서 펼치고 있다.

정육각 매출은 2020년 200억 원으로 성장했고, 2021년엔 1,000억 원을 목표로 하고 있다. 2020년까지 누적 투자금 180여억 원을 유치하며 공격적으로 마케팅을 확대하는 중이다. 2019년 포브스(Forbes)가 선정한 '아시아 30세 이하 리더 30인'에 이름을 올렸다.

그는 미래를 걱정하기보다 당장 재밌게 할 수 있는 일을 찾고 빠르게 실행해보는 스타일이다. 창업 노하우를 묻는 후배들에게는 "판 짜고 있지 말고 당장 시작하라"라고 말한다. 판을 짜는 사이에 비슷한 생각을 하는 이들이 앞서 나갈 수 있다는 이유에서다.

그는 사업적으로는 우선 정육각을 키우는 것이 목표이지만, 인생의 목표는 아니라고 한다. "관 뚜껑을 덮을 때 '재밌고 후회없는 삶이었다'고 생각하고 싶어요. 어릴 때는 죽는 게 무서웠는데요. 지금은 '한번 사는 인생 재밌게 살다 가자'는 가치관이 뚜렷해졌습니다."

김동진 이스트엔드 대표 2

"나의 현재는 과거가 만들어 낸 점들의 집합체이다.(Connecting the dots)". 그의 사무실에 걸려있는 스티브 잡스의 어록이다. 의류 사업을 하던 아버지의 성공과 실패를 보며 패션 스타트업을 창업한 그는 'K패션' 성공 신화의 선도자를 꿈꾸고 있다.

1984년생으로 미국 퍼듀(Purdue)대학교에서 산업경영과 운용경영학을 전공했다. 집안 사정이 어려워지자 유학 자금을 마련하기 위해 PC방을 차렸다. 이를 프랜차이즈 사업으로 키우고 매각하며 창업 경험을 쌓았다.

졸업 후 삼성전자 무선사업부에서 재무 담당으로 일하다 외국계 컨설팅 회사 '아서디리틀'(ADL), 삼성 SDS의 자회사 '오픈타이드'에서 컨설턴트로 근무했다. 옐로모바일 산하 옐로쇼핑미디어의 패션사업부에 영입돼 쇼핑몰 인수합병(M&A)를 주도하는 최고전략책임자(CSO)로 활동했다.

2016년 '동쪽의 끝인 대한민국에서 글로벌 패션을 선도하는 온라인 플랫폼'이라는 의미로 '이스트엔드(EASTEND)'를 창업했다. '슈프림(Supreme)'처럼 브랜드 파워로 인정받는 브랜드를 20개가량 육성하고, 동시에 이스트엔드에 입점하는 브랜드를 늘리겠다는 전략을 펼치고 있다. '원피스 맛집'으로 유명한 '로즐리' 브랜드를 비롯해 시티브리즈, 더스티로즈, 제나, 웬디고, 애플앤딥 등의 자체 브랜드를 운영 중이다. 시티브리즈는 소녀시대 태연과 블랙핑크 제니, 지수가 입는 옷으로 유명해졌다.

제조 · 물류를 수직계열화하고 자체 브랜드 생산부터 위탁생산, 브랜드 입점 및 컨설팅까지 하는 포트폴리오를 갖췄다. 2020년 중소벤처기업부가 꼽은 '아기 유니콘'으로 선정됐으며, 2020년 매출 100억 원을 기록했다. 2022년 매출 1,000억 원을 달성하고 증시에 상장하는 것을 목표로 하고 있다.

안겨레, 고용성 투캉프로젝트 대표 3

1991년생 동갑내기로 경기 동두천에서 같은 중고등학교를 나와 강원 춘천의 한림대학교까지 함께 진학한 '절친'이다. 안 대표는 법학과, 고 대표는 경영학과에 재학 중이다.
안 대표는 군 제대 후 공무원 시험을 준비하다 게임 개발을 결심했다. 어려서부터 역사에 관심이 많았는데, 타국의 역사 게임은 있고 우리 역사 게임이 없는 것을 안타깝게 여겼던 안 대표는 재밌게 게임을 하면서 한국사 공부까지 할 수 있으면 인기를 끌 것이라고 생각했다. 모바일게임 '한국사 RPG – 난세의 영웅'의 기획과 시나리오 작업을 맡고 있다.
고 대표는 경남 창원의 한 식당에서 창업을 꿈꾸며 일을 배우다 안 대표의 제안을 받고 게임 개발에 참여했다. 어린 시절 취미로 간단한 게임을 만들어본 경험이 전부였지만, 그야말로 '맨땅에 헤딩하며' 제작 노하우를 배웠고 디자인과 UI 등의 작업을 담당하고 있다.
2016년부터 2년 가까이 준비해 내놓은 난세의 영웅은 구글플레이 '교육', '어드벤처' 부문 게임 1위에 올랐다. 서울시에서 주최하는 G-RANK 챌린지 서울상을 받으며 출시 2개월 만에 구글플레이에서 10만회 이상의 다운로드수를 기록하며 각종 상을 휩쓸었다. 하지만 급증하는 이용자 수를 감당하지 못해 각종 오류가 발생했다. 결국 출시 3개월 만에 게임 서비스를 중단했다. 안 대표와 고 대표는 2년간 절치부심하며 2020년 7월 새로워진 '난세의 영웅'을 선보였다. 재론칭 후 구글플레이 다운로드수 9만 회 이상을 기록했고, 한국콘텐츠진흥원이 주관하는 '2020년 하반기 우수게임 시상식'에서 문화체육관광부 장관상을 수상했으며, 수림재단에서 주관하는 '동교인재상'을 수상했다. 성남시 주관의 2020 인디크래프트 선정, 2020 지스타 우수게임 선정 등으로 게임성과 기능성을 인정받았다.
문과 출신의 장점을 살려 차별화에 성공했다. 선사시대편부터 대한민국편까지 총 10장으로 구성돼 있는 게임 제작을 위해 1장당 A4 300페이지에 달하는 시나리오를 쓰고 역사 고증을 거쳤다. 게임을 통해 다양한 역사적 사건 사고를 경험하며 자연스럽게 한국사 지식을 쌓고, 전투와 미션 수행으로 즐거움도 얻을 수 있게 했다. 내신, 수능, 한국사 능력 검정시험, 공무원 시험 등 한국사를 필요로 하는 시험에서도 도움을 주고 있다. 앞으로 게임 다운로드수 100만 회 이상을 기록하고, 이를 통해 '한국사 대중화'를 이루는 것이 목표다.

송은강 캡스톤파트너스 대표 4

마켓컬리, 직방, 당근마켓, 드라마앤컴퍼니(리멤버), 파두, 정육각…. 그가 투자한 기업들이다. 벤처캐피털사 '캡스톤파트너스'의 대표인 그는 1964년생으로 서울대 계산통계학과와 한국과학기술원(KAIST) 전산학 석사 과정을 밟았다. 1988년 삼성종합기술원에 개발연구원으로 입사해 선임연구원과 삼성그룹 회장 비서실 인터넷 태스크포스팀을 거쳤다.
삼성그룹이 미국에 합작 투자 법인인 캠브리지삼성파트너스를 세울 당시 초기 멤버로 합류하며 벤처캐피털 세계에 입문했다. 2000년 MVP창업투자(현 스마일게이트인베스트먼트)를 설립했고, 줄기세포 치료제 개발사 메디포스트와 이동통신 계측장비업체 이노와이어리스에 투자하며 이름을 알렸다. 메디포스트에 5억 원을 투자해 100억 원을 회수했고, 이노와이어리스엔 13억 원을 투자해 160여억 원을 회수했다.
2008년 캡스톤파트너스를 설립했다. 중국의 게임업계 1위인 텐센트로부터 총 800억 원을 유치하면서 주목을 받았다. 2013년 센드버드에 투자했던 3억 원을 2019년 77억 원에 회수하며 20배가 넘는 수익을 내기도 했다. 현재 운용 중인 펀드는 총 11개로 전체 운용 자산은 2,700억 원 가량이다.
신생 스타트업에 주로 투자하는 차별화 전략을 펼치고 있다. 스타트업들의 '키다리 아저씨'로 불린다. '뉴칼라 창업자에 자본과 네트워크로 후원한다'는 철학을 갖고 있다.
그는 약 10년 동안 '쫄지 말고 투자하라(일명 쫄투)'라는 투자 상담 토크쇼를 진행해왔다. 스타트업들을 초대해 기업 소개 기회를 주고, 투자 업계 관계자도 초청해 판을 깔아준다.
'건강한 창업 생태계'를 만드는 것이 그의 목표다. 창업이 더 활발하게 이뤄져야 한다고 강조하는 그는 "스타트업들을 만나고 배울 수 있는 것이 가장 행복한 일"이라고 말한다.

손지호 네오밸류 대표 5

1974년생인 그는 32세였던 2005년 네오밸류를 창업했다. 연세대 경영학과 졸업 후 대우증권 IB사업부와 M&A사업부에서 자본주의에 대한 이해를 넓힌 게 창업에 큰 도움이 됐다고 한다. 집안 사정이 좋지 못하던 시절 부동산 투자를 통해 '레버리지(leverage) 효과'를 경험했는데, 이것이 부동산 디벨로퍼의 길로 들어서는 데 영향을 줬다고 한다. 창업 초기 몇 번의 실패를 경험한 데다 2008년 글로벌 금융위기 여파로 부동산 경기까지 침체돼 어려운 시기를 보내기도 했다.

수도권 주상복합 개발로 반전에 성공했다. 2009년 위례 신도시 아이파크 1차, 2012년 위례 신도시 아이파크 2차, 2014년 구리 갈매역 아이파크, 광교신도시 아이파크, 2016년 인천 더샵 스카이타워를 개발해 완판시켰다. 총 5229세대에 달한다. 2018년 연매출은 1조 원을 넘어섰다. 주택 분양뿐만 아니라 상업 시설 활성화를 위한 운영도 맡으면서 차별화에 성공했다. 상업시설 전체를 보유하고 자체 브랜드와 독점 콘텐츠를 대거 채워넣은 '앨리웨이 광교'를 2019년 4월 선보였다. 2021년 5월에는 인천 더샵 스카이타워에서 '앨리웨이 인천'을 오픈할 예정이다.

끊임없이 진화하는 사업가가 되려 한다. 주택 분양, 상업시설 운영에 이어 자산운용사 설립도 추진 중이다. 뜻이 맞는 투자자들과 협업해 다양한 프로젝트를 진행하기 위함이다. 이지스자산운용과 '제2의 쌈지길'로 불리는 서울 신사동 가로수길 '가로골목' 프로젝트를 진행해 2019년 8월 오픈했다. 현재 서울 용산구와 종로구 익선동, 성동구 성수동 등에 부지를 확보해 서울의 도시문화를 만들어가는 프로젝트 개발을 구상 중이다. '사람 중심의 새로운 도시문화를 만들어가는 라이프스타일 디벨로퍼' '건설 분양업에 머물던 부동산 개발 사업을 라이프스타일 도시문화업으로 바꿔 나가는 선도자'를 꿈꾼다.

남윤주 블랙야크 팀장 6

'레이첼_보헤미안소울(rachel_bohemiansoul)'이란 인스타그램 아이디가 그를 함축적으로 설명해준다. 자유분방한 삶을 지향하고, '좋아하는 것과 일을 일치시키는 삶'을 살고 있다. 1979년생으로 광고대행사, 홍보대행사를 거쳐 현재 블랙야크 마케팅본부 브랜드커뮤케이션 팀장을 맡고 있다. 홍익대 경영대학원 문화예술경영 MBA 과정을 마쳤다.

블랙야크가 2014년 인수한 '나우(nau)' 브랜드를 2016년 론칭부터 3년 간 맡으며 국내에 알리는 데 기여했다. 나우는 '파타고니아(patagonia)'와 유사한 브랜드로, 친환경 · 재활용 소재로 옷을 튼튼하게 만들어 오랫동안 입게 하는 방식으로 환경에 기여하고 있다.

그는 나우를 알리며 국내에 '서스테이너빌리티(Sustainability, 지속가능성)' 개념을 확산시키려 노력했다. 저성장 시대에 패션 산업이 살아남기 위해선, 환경과 윤리에 관심이 많은 밀레니얼 세대와 Z세대를 사로잡을 진정성 있는 마케팅이 필요하다고 강조해왔다. '유명 연예인' '빅로고(Big Logo)' 등 화려한 마케팅을 거부하며 나우 인스타그램 계정을 통한 소통과 커뮤니티 형성을 유도했다.

지속가능한 삶과 도시를 들여다보는 신생 잡지 '나우 매거진'의 론칭과 3개편(포틀랜드, 타이베이, 베를린 편) 제작에서 콘텐츠 디렉터도 맡았다.

나우뿐만 아니라 블랙야크, 마모트 등의 브랜드들이 친환경 상품 개발에 힘쓰는 데 직간접적인 영향을 줬다. 불공정 · 불평등 해소를 촉구하는 유엔(UN)의 지속가능발전목표(SDGs: Sustainable Development Goals) 협회 운영위원으로도 활동 중이다.

2019년 4월부터 패션포스트 '레이첼의 지속가능한 한량질'이란 코너에서 칼럼을 연재하고 있다. 〈우리는 어떤 의미를 입고 먹고 마시는가〉 〈패션 마케터의 서점 활용법〉 〈브랜드 액티비즘 시대의 도래〉 〈문제는 탄소가 아니라 자본주의 지속가능성의 역설〉 〈디스토피아 이코노미 '익숙한 삶과 결별하라'〉 등을 썼다.